2018—2019年中国工业和信息化发展系列蓝皮书

2018—2019年
中国消费品工业发展蓝皮书

中国电子信息产业发展研究院　编著

刘文强　主编

电子工业出版社
Publishing House of Electronics Industry
北京·BEIJING

内 容 简 介

本书基于全球化视角，对过去一年我国和其他主要国家消费品工业的发展态势进行了重点分析，梳理并剖析了国家相关政策及其变化对消费品工业发展的影响，预判了2019年世界主要国家以及主要消费品行业的发展走势。全书分为综合篇、行业篇、区域篇、三品战略篇、企业篇、政策篇、热点篇、展望篇八个部分。

本书可为政府部门、相关企业及从事相关政策制定、管理决策和咨询研究的人员提供参考，也可以供高等院校相关专业师生及对消费品工业感兴趣的读者学习。

未经许可，不得以任何方式复制或抄袭本书之部分或全部内容。
版权所有，侵权必究。

图书在版编目（CIP）数据

2018—2019年中国消费品工业发展蓝皮书 / 中国电子信息产业发展研究院编著. —北京：电子工业出版社，2019.12
（2018—2019年中国工业和信息化发展系列蓝皮书）
ISBN 978-7-121-37543-9

Ⅰ. ①2… Ⅱ. ①中… Ⅲ. ①消费品工业－工业发展－研究报告－中国－2018—2019 Ⅳ. ①F426.8

中国版本图书馆CIP数据核字（2019）第213909号

责任编辑：许存权（QQ：76584717）
印　　刷：天津画中画印刷有限公司
装　　订：天津画中画印刷有限公司
出版发行：电子工业出版社
　　　　　北京市海淀区万寿路173信箱　邮编　100036
开　　本：720×1 000　1/16　印张：12　字数：232千字　彩插：1
版　　次：2019年12月第1版
印　　次：2019年12月第1次印刷
定　　价：118.00元

凡所购买电子工业出版社图书有缺损问题，请向购买书店调换。若书店售缺，请与本社发行部联系，联系及邮购电话：（010）88254888，88258888。

质量投诉请发邮件至zlts@phei.com.cn，盗版侵权举报请发邮件至dbqq@phei.com.cn。

本书咨询联系方式：（010）88254484，xucq@phei.com.cn。

前　　言

消费品工业是国民经济和社会发展的基础性、民生性、支柱性、战略性产业，涵盖了轻工、纺织、食品、医药等工业门类。改革开放 40 年以来，我国消费品工业稳步、快速发展，规模持续扩大，结构不断变化，技术装备水平稳步提高，已经建立了较为完善的产业体系，国际化程度日趋加深，我国已成为世界消费品制造和采购中心，对国内外消费需求的保障和引领作用进一步增强。

2018 年是实施"十三五"规划承上启下的关键一年，也是推进消费品工业供给侧结构性改革、深入实施"三品"战略的重要一年。在稳中求进工作总基调的指导下，消费品工业坚持以提高发展质量和效益为中心，以推进供给侧结构性改革为主线，把稳增长作为首要任务，把调结构作为主攻方向，把抓创新作为战略指向，把惠民生作为根本落脚点，整体实现了持续稳定增长，中高端消费品供给水平有所提升。全年医药、纺织、轻工（含食品）三大子行业增加值同比分别增长 10.1%、2.9% 和 5.7%，增速较之上年同期分别降低 2 个、1.9 个和 2.5 个百分点。

进入 2019 年，我国消费品工业面临的内外部环境依然复杂严峻。国际层面，受主要经济体宏观经济政策调整影响，全球债务规模持续攀升，贸易保护主义抬头，国际汇率波动加剧，特别是美国国内大幅减税有可能引发主要国家减税竞赛和资金争夺，世界经济的不确定风险加大；地缘政治、地区安全、政治极化、社会分化等非经济因素干扰全球经济，消费品工业扩大出口、企业全球化运营面临较多困难和风险。国内层面，制度性交易成本、原材料成本、物流成本、融资成本、用工成本仍然较高，部分地区和企业经济下行压力较大，行业投资增势减弱，部分消费品进口关税下调和扩大消费品进口将加剧竞争等。

为全面把握过去一年我国消费品工业的发展态势，总结分析消费品工业领域一系列重大问题，中国电子信息产业发展研究院消费品工业研究所在上年积极探索实践的基础上，继续组织编撰了《2018—2019 年中国消费品工业发展蓝皮书》。该书基于全球化视角，对过去一年中我国及世界主要国家消费品工业的发展态势进行了分析，梳理并剖析了国家相关政策及其变化对消费品工业发展的影响，预判了 2019 年世界主要国家及主要消费品行业的发展走势。全书分为综合篇、行业篇、区域篇、三品战略篇、企业篇、政策篇、热点篇、展望篇八个部分。

综合篇。从整体、区域和国家重点行业三个层面分析了 2018 年全球消费品工业的发展情况，从发展现状、存在问题两个维度分析了 2018 年我国消费品工业的发展状况，并提出相关对策建议。

行业篇。选取纺织工业、生物医药及高性能医疗器械和食品工业三大消费品子行业，分析行业发展态势，剖析存在的突出问题。在发展态势上，从运行、效益及重点产品或重点领域三个维度展开分析。

区域篇。以典型省份为切入点，分析 2018 年我国东部、中部、西部三大区域消费品工业的发展情况，重点分析运行、出口、效益等指标的基本情况，并总结归纳各地区消费品工业发展经验与启示。

三品战略篇。从"增品种、提品质、创品牌"三个维度入手，介绍典型城市三品战略的主要内容和成果，总结分析其成功经验。

企业篇。选取了轻工、食品、医药等行业中发展较好，具有代表性的几家企业，就其发展历程、发展战略及发展启示进行了分析和整理。

政策篇。梳理总结了 2018 年我国消费品工业领域出台的重点政策，介绍了各项行业政策的主要内容和发力点，分析了政策对行业未来发展的影响。

热点篇。选取食品、医药和轻工三个行业中对行业影响力大的热点事件进行分析，从事件背景、存在问题和主要启示三方面进行剖析，深入研究热点事件背后的行业发展趋势与动向。

展望篇。首先梳理了国内主要研究机构对 2019 年消费品工业发展形势的预判。其次，从整体、重点行业两个方面对 2019 年我国消费品工业的发展态势进行预判。

2019年，我国消费品工业发展既面临着困难挑战，也不乏有利因素。为促进消费品工业平稳健康发展，必须深入贯彻落实党的十八大、十九大和十八届、十九届全会精神，坚持依法行政，主动适应和引领经济发展新常态，着力推进五个方面的工作：一是以推进供给侧结构性改革为主线，深入实施"三品"战略；二是把稳增长作为首要任务，增强消费品工业对全部工业和国民经济发展的支撑作用；三是把调结构作为主攻方向，促进消费品工业向中高端迈进；四是把抓创新作为战略指向，培育消费品工业发展新动能；五是把惠民生作为根本落脚点，坚决兜牢基本民生的底线。

作为消费品工业领域的一家专业研究机构，中国电子信息产业发展研究院消费品工业研究所拥有一批专业人才，具备较强的研究能力，成立7年多以来，先后承担了多项课题的研究，对我司工作给予了大力支持。此次编撰的《2018—2019年中国消费品工业发展蓝皮书》内容丰富，资料翔实，具有一定参考价值。但由于消费品工业行业众多，国家间、行业间、地区间差异大，需要深入研究探讨和专题研究的问题很多，因此疏漏和不足在所难免，希望读者以爱护和支持的态度不吝批评指正。

工业和信息化部消费品工业司司长
高延敏

目 录

综 合 篇

第一章 2018年全球消费品工业发展状况 ················· 2

第一节 产业发展整体态势 ····························· 2
第二节 主要国家消费品工业发展情况 ·················· 4
 一、发达国家 ····································· 4
 二、新兴经济体（EIE）及其他发展中国家 ············ 5
第三节 医药工业重点国家发展情况 ···················· 6
 一、重点医药工业国家——德国 ····················· 6
 二、重点医药工业国家——比利时 ·················· 11
第四节 食品工业重点国家发展情况 ··················· 16
 一、食品工业重点国家——法国 ···················· 16
 二、食品工业重点国家——英国 ···················· 22
第五节 纺织服装工业重点国家发展情况 ················ 26

第二章 2018年中国消费品工业发展状况 ················ 34

第一节 发展现状 ·································· 34
 一、经济下行压力较大，生产运行稳中趋缓 ············ 34
 二、外贸形势仍然严峻，出口增速低位徘徊 ············ 35
 三、政策红利加速释放，内需略有回升 ··············· 36
第二节 存在问题 ·································· 37

一、"新常态"下转型阵痛持续，行业发展不容乐观 …………… 37
二、优质产品和服务供给不足，中高端购买力外流 …………… 39
三、研发创新动力不足，知识产权问题突出 …………………… 39
第三节　对策建议 ……………………………………………………… 39
一、加大产业转型升级政策支持力度 ………………………… 39
二、推进产品和服务高质量发展 ……………………………… 40
三、实施创新驱动战略、培育发展新动能 …………………… 40
四、强化知识产权保护、提升品牌竞争力 …………………… 41

行业篇

第三章　纺织工业 …………………………………………………………… 44

第一节　发展情况 ……………………………………………………… 44
一、运行情况 …………………………………………………… 44
二、效益情况 …………………………………………………… 46
三、重点领域情况 ……………………………………………… 47
第二节　存在问题 ……………………………………………………… 49
一、贸易环境不确定性增强 …………………………………… 49
二、环保压力日趋常态化 ……………………………………… 49
三、区域竞争日趋激烈 ………………………………………… 49

第四章　生物医药及高性能 医疗器械行业 ……………………………… 50

第一节　发展情况 ……………………………………………………… 50
一、生产情况 …………………………………………………… 50
二、效益情况 …………………………………………………… 53
三、重点领域情况 ……………………………………………… 56
第二节　存在问题 ……………………………………………………… 58
一、创新发展环境有待完善 …………………………………… 58
二、药品断供风险犹存 ………………………………………… 58
三、仿制药一致性评价推进进度缓慢 ………………………… 58
四、行业集中度依旧不高 ……………………………………… 59
五、出口交货值占比不理想 …………………………………… 59

第五章　食品工业 ……………………………………………………………60

第一节　发展情况 ……………………………………………………60
一、运行情况 …………………………………………………60
二、效益情况 …………………………………………………62
三、重点领域或重点产品情况 ………………………………63

第二节　存在问题 ……………………………………………………65
一、企业规模普遍偏小，产业结构布局有待调整 …………65
二、发展方式较为粗放，自主创新能力有待提高 …………66
三、国内外不确定因素增加，中小企业压力增大 …………66

| 区 域 篇 |

第六章　东部地区 ………………………………………………………68

第一节　典型地区：浙江省 …………………………………………68
一、运行情况 …………………………………………………68
二、发展经验 …………………………………………………69
三、启示与建议 ………………………………………………71

第二节　典型地区：辽宁省 …………………………………………72
一、运行情况 …………………………………………………72
二、发展经验 …………………………………………………73
三、启示与建议 ………………………………………………74

第七章　中部地区 ………………………………………………………76

第一节　典型地区：安徽省 …………………………………………76
一、运行情况 …………………………………………………76
二、发展经验 …………………………………………………77
三、启示与建议 ………………………………………………78

第二节　典型地区：河南省 …………………………………………80
一、运行情况 …………………………………………………80
二、发展经验 …………………………………………………81
三、启示与建议 ………………………………………………83

第八章 西部地区 ... 85

第一节 典型地区：重庆市 ... 85
一、运行情况 ... 85
二、发展经验 ... 87
三、启示与建议 ... 88

第二节 典型地区：贵州省 ... 90
一、运行情况 ... 90
二、发展经验 ... 91
三、启示与建议 ... 92

三品战略篇

第九章 典型地区三品战略研究 ... 96

第一节 宁乡市 ... 96
一、基本情况 ... 96
二、三品战略 ... 97

第二节 郑州市 ... 99
一、基本情况 ... 99
二、三品战略 ... 100

第三节 南通市 ... 103
一、基本情况 ... 103
二、三品战略 ... 104

第四节 芜湖市 ... 106
一、基本情况 ... 106
二、三品战略 ... 107

第五节 漯河市 ... 109
一、基本情况 ... 109
二、三品战略 ... 110

第六节 晋江市 ... 113
一、基本情况 ... 113
二、三品战略 ... 114

第七节　泸州市 ………………………………………………… 116
一、基本情况 ……………………………………………… 116
二、三品战略 ……………………………………………… 117

第八节　南充市 ………………………………………………… 120
一、基本情况 ……………………………………………… 120
二、三品战略 ……………………………………………… 120

第九节　青岛市西海岸新区 …………………………………… 122
一、基本情况 ……………………………………………… 122
二、三品战略 ……………………………………………… 122

第十节　深圳市龙华区 ………………………………………… 124
一、基本情况 ……………………………………………… 124
二、三品战略 ……………………………………………… 125

企 业 篇

第十章　重点消费品企业研究 …………………………………128

第一节　MINISO 名创优品的创新发展模式 …………………… 128
一、企业概况 ……………………………………………… 128
二、发展战略 ……………………………………………… 128
三、启示与借鉴 …………………………………………… 129

第二节　豪森药业创新发展四大路径 ………………………… 130
一、企业概况 ……………………………………………… 130
二、发展战略 ……………………………………………… 131
三、启示与借鉴 …………………………………………… 132

第三节　卫岗乳业"奶业共生经济"的"五化"模式 ………… 132
一、企业概况 ……………………………………………… 132
二、企业战略 ……………………………………………… 133
三、启示与借鉴 …………………………………………… 134

第四节　海澜之家的品牌经营战略 …………………………… 135
一、企业概况 ……………………………………………… 135
二、企业战略 ……………………………………………… 136
三、启示与借鉴 …………………………………………… 138

第五节　迪尚集团的品牌国际化之路 ································· 139
　　一、企业概况 ··· 139
　　二、企业战略 ··· 139
　　三、启示与借鉴 ·· 141

| 政 策 篇 |

第十一章　2018年中国消费品工业重点政策解析 ················· 144

第一节　《食盐专营办法》 ··· 144
　　一、政策内容 ··· 144
　　二、政策影响 ··· 144

第二节　《关于改革完善仿制药供应保障及使用政策的意见》 ······ 146
　　一、政策内容 ··· 146
　　二、政策影响 ··· 146

第三节　《关于促进"互联网+医疗健康"发展的意见》 ············· 147
　　一、政策内容 ··· 147
　　二、政策影响 ··· 147

第四节　《关于推进奶业振兴保障乳品质量安全的意见》 ············ 148
　　一、政策内容 ··· 148
　　二、政策影响 ··· 149

第五节　《关于完善促进消费体制机制、进一步激发居民消费
　　　　　潜力的若干意见》 ··· 149
　　一、政策内容 ··· 149
　　二、政策影响 ··· 150

| 热 点 篇 |

第十二章　2018年中国消费品工业热点事件解析 ················· 152

第一节　我国动力电池梯次利用规模化发展问题 ······················ 152
　　一、背景 ··· 152
　　二、存在问题 ··· 152
　　三、主要启示 ··· 153

第二节　关于我国医药研发生产外包服务创新发展的思考 ……………… 155
　　一、背景 ………………………………………………………………… 155
　　二、存在问题 …………………………………………………………… 155
　　三、主要启示 …………………………………………………………… 157
第三节　我国婴配乳粉高质量发展亟须破解原料的四大难题 ………… 158
　　一、背景 ………………………………………………………………… 158
　　二、存在问题 …………………………………………………………… 158
　　三、主要启示 …………………………………………………………… 159

展 望 篇

第十三章　主要研究机构预测性观点综述 …………………………… 162

第一节　医药 ……………………………………………………………… 162
　　一、2019 年政府工作报告的医药重点任务（中国政府网）……… 162
　　二、2019 全球生命科学展望（德勤 Deloitte）……………………… 163
　　三、全球医药创新的生态及未来趋势（CFDA 南方医药经济研究所）164
第二节　食品 ……………………………………………………………… 165
第三节　纺织 ……………………………………………………………… 166
第四节　轻工 ……………………………………………………………… 167

第十四章　2019 年中国消费品工业发展趋势展望 …………………… 169

第一节　整体运行趋势 …………………………………………………… 169
　　一、"新常态"下转型阵痛持续，经济下行压力仍较大 …………… 169
　　二、外贸环境比较复杂，出口形势不容乐观 ………………………… 169
　　三、政策红利加速释放，内需稳步增长 ……………………………… 170
第二节　重点行业发展趋势展望 ………………………………………… 170
　　一、医药 ………………………………………………………………… 170
　　二、纺织 ………………………………………………………………… 171
　　三、食品 ………………………………………………………………… 172
　　四、轻工 ………………………………………………………………… 173

后记 ……………………………………………………………………… 175

综合篇

第一章

2018 年全球消费品工业发展状况

2018 年，随着全球经济增长动力持续放缓，消费品工业整体增长态势放缓，各子行业呈现分化增长。从具体行业来看，基本药物产品增速最快，领跑整个消费品工业。服装、皮革与鞋帽，以及其他制造业均保持较高增速。从主要国家看，EIE 及其他发展中国家消费品工业大部分子行业增速高于发达国家，其中，中国消费品工业的快速发展是主要原因。展望2019年，世界经济增速预期有望提升，全球消费品工业亦将整体表现保持稳定增长态势，但逆全球化风潮和主要经济体货币政策转向等威胁经济增长的风险因素仍不容忽视。

第一节 产业发展整体态势

2018 年是全球经济发展的拐点，经济增长动力持续放缓，主要发达经济体和新兴市场经济体的经济景气程度均出现不同程度回落，全球经济自2017年以来开启的景气周期进入下半场。在欧洲，能源价格上涨、欧元升值及贸易不确定性共同导致了经济放缓。在中国，产能过剩抑制了投资，货币高估损害了出口，贸易不确定性对两者都造成了伤害。在美国，由于减税，2018 年经济增长有所加强，但到年底出现了减速的迹象。相比于 2017 年，4 个季度增速都保持在 3.7%以上，2018 年全球制造业增速放缓。1—4 季度整体制造业同比增速分别为 4.2%、3.8%、3.2%和 2.4%。在此背景下，消费品工业整体增长态势相较上年略有放缓。

行业发展态势方面，与整体制造业相比，消费品各子行业呈现分化式发展。2018年1—4季度，在消费品各子行业中，基本药物产品增速最快，4个季度增速分别为7.1%、8.2%、6.4%和4.7%。分别超过同期整体制造业同比增速2.9、4.4、3.2和2.5个百分点。食品和饮料、服装、皮革与鞋帽及其他制造业1—4季度均保持较高的同比增速，增速相比2017年同期都有所提高。橡胶与塑料、家具等行业保持低速增长。烟草、纺织、木材加工、造纸、印刷与出版增速放缓，工业产出与上年同期相比略有下降（见表1-1）。

表1-1　2017—2018年全球主要消费品行业产出同比增速

行业	2017Q1	2017Q2	2017Q3	2017Q4	2018Q1	2018Q2	2018Q3	2018Q4
食品和饮料	3.5%	3.8%	3.8%	4.5%	4.8%	3.4%	2.9%	1.6%
烟草	3.0%	2.2%	3.8%	-0.8%	-0.1%	1.3%	1.6%	-1.4%
纺织	2.3%	2.1%	2.6%	2.5%	1.5%	0.5%	0.4%	-0.4%
服装	2.6%	2.5%	2.5%	2.7%	3.0%	2.5%	3.9%	3.4%
皮革与鞋帽	2.5%	3.0%	3.2%	4.0%	3.7%	3.7%	2.4%	3.4%
木材加工	3.2%	3.7%	3.3%	4.0%	3.3%	1.9%	2.0%	-0.3%
造纸	2.1%	1.8%	2.4%	1.4%	0.7%	0.7%	0.4%	-0.1%
印刷与出版	-0.3%	0.3%	1.1%	0.4%	1.0%	0.6%	0.3%	-0.2%
橡胶与塑料	3.1%	2.7%	3.4%	4.2%	2.3%	2.0%	1.1%	0.0%
基本药物	3.2%	3.8%	6.7%	5.8%	7.1%	8.2%	6.4%	4.7%
家具	2.1%	4.0%	4.3%	3.5%	1.7%	1.1%	0.2%	0.4%
其他制造业	-0.6%	0.3%	1.0%	1.9%	0.9%	1.5%	2.1%	2.4%
整个制造业	3.7%	4.2%	4.5%	4.7%	4.2%	3.8%	3.2%	2.4%

数据来源：UNIDO Statistics，2019年3月。

全球消费者信心指数方面，美国经济延续2017年温和增长趋势，就业机会增加和工资增长带动家庭收入稳步增长，再加上股票和房地产价格持续上升，家庭资产负债表持续改善，全年消费者信心指数维持在96点上下，其中10月消费者信心指数接近17年高点，同时，制造业扩张速度亦加快。而欧元区经济景气程度再度回落，工业产出持续走弱。据欧盟执委会数据显示，消费者信心出现大幅下滑，为上年10月以来的最低水平。居民消费支出放缓，贸易盈余依旧不及预期，欧元区企业投资信心跌至20个月新低。中国经济保持中高速增长，综合国力、制造业能力和国际影响力均迈上新台阶，全年消费者信心指数维持在120.0左右。日本经济景气程度轻微放缓，全年消费者信心指数维持在43.0左右（见图1-1）。

图 1-1　2018年1—12月主要经济体消费者信心指数变化情况

（数据来源：Wind数据库，2019年3月）

第二节　主要国家消费品工业发展情况

一、发达国家

2018年，发达国家整体制造业1季度发展态势较好，同比增长了2.9%，相较上年同期上涨了1.0个百分点，2—4季度增速逐步下滑，同比增速分别为2.5%、1.7%和1.1%，相较上年同期分别下降了0.2、1.4和2.4百分点。与整体制造业相比，消费品工业各子行业1—4季度增长趋势分化显著。发展态势最好的是基本药物产品，1—4季度增速分别为5.8%、9.2%、5.4%和4.6%，分别比整体制造业高出2.9、6.7、3.7和3.5个百分点，相较上年同期也分别提高了5.3、9.7、0.3和2.7个百分点。食品与饮料和木材加工（不含家具）两个行业1—4季度增速逐步下降，2—4季度增速均低于上年同期。烟草、服装和橡胶塑料制品行业1—4季度继续保持下滑趋势，下滑速度相比上年略有放缓（见表1-2）。

表1-2　2017—2018年发达经济体主要消费品行业产出同比增速

行业	2017Q1	2017Q2	2017Q3	2017Q4	2018Q1	2018Q2	2018Q3	2018Q4
食品和饮料	1.9%	2.1%	2.5%	3.1%	2.4%	2.1%	1.4%	0.5%
烟草	-9.5%	-6.4%	-3.5%	-7.2%	-7.6%	-5.5%	-2.9%	0.1%
纺织	-1.2%	-1.5%	0.8%	1.1%	1.1%	0.0%	-1.2%	-2.3%

续表

服装	-2.2%	-7.1%	-2.3%	-2.9%	-1.4%	0.4%	-1.8%	-2.2%
皮革与鞋帽	-2.0%	-2.7%	-0.4%	5.0%	1.6%	0.5%	0.9%	-1.7%
木材加工	1.7%	2.8%	3.4%	4.0%	2.9%	2.6%	1.6%	-0.8%
造纸	0.4%	0.3%	1.4%	1.2%	0.2%	0.4%	-0.4%	-1.2%
印刷与出版	-2.0%	-1.7%	-1.0%	-1.3%	-0.7%	-0.8%	-0.2%	-1.6%
橡胶与塑料	1.9%	1.9%	3.0%	3.5%	2.1%	0.9%	0.0%	-0.2%
基本药物	0.5%	-0.5%	5.1%	1.9%	5.8%	9.2%	5.4%	4.6%
家具	0.4%	1.6%	1.1%	1.2%	-0.4%	0.0%	-1.1%	-1.0%
其他制造业	-2.1%	-2.0%	-0.3%	0.9%	-0.5%	0.9%	1.3%	1.7%
整个制造业	1.9%	2.7%	3.1%	3.5%	2.9%	2.5%	1.7%	1.1%

数据来源：UNIDO Statistics，2019年3月。

二、新兴经济体（EIE）及其他发展中国家

2018年，EIE及其他发展中国家制造业增速从1季度到4季度逐步放缓，2018年1—4季度分别同比增长4.8%、3.7%、3.0%、0.5%，相较上年同期分别下降1.2、2.4、3.2和5.6个百分点。消费品工业发展趋势与制造业相似，整体增长趋势逐步放缓。

子行业方面，消费品工业各子行业增长态势显著分化，但整体增速较上年同期下降幅度大。其中，食品与饮料全年增速高于整体制造业，增速分别为7.3%、4.7%、3.8%和0.7%，相较上年同期分别提高了1.6、-1.3、-1.7、-5.6个百分点。服装产业增速趋势与整体制造业相反，1—4季度增速不断增长2.5%、2.7%、5.9%和6.0%。基本药物产品和皮革及相关产品1—4季度整体增速略高于整体制造业。而纺织、木材加工（不含家具）、造纸、印刷与出版、橡胶与塑料制品、家具和其他制造业增速略低于整体制造业，4季度增速分别为-1.2%、-3.8%、1.3%、-1.8%、-1.8%、1.4%和0.2%，与上年同期相比分别下降了4.2、7.8、0.4、6.8、7.2、6.0和4.0个百分点（见表1-3）。

表1-3　2017—2018年EIE及其他发展中国家主要消费品行业产出同比增速

行业	2017Q1	2017Q2	2017Q3	2017Q4	2018Q1	2018Q2	2018Q3	2018Q4
食品和饮料	5.7%	6.0%	5.5%	6.3%	7.3%	4.7%	3.8%	0.7%
烟草	7.2%	5.0%	5.8%	0.8%	-0.6%	-2.1%	-1.8%	1.7%
纺织	3.5%	3.3%	3.3%	3.0%	3.5%	2.1%	1.9%	-1.2%
服装	3.8%	4.9%	3.7%	4.1%	2.5%	2.7%	5.9%	6.0%

续表

皮革与鞋帽	4.1%	4.9%	4.3%	3.7%	4.8%	4.6%	2.6%	4.0%
木材加工	5.9%	5.2%	3.2%	4.0%	4.0%	1.7%	1.8%	-3.8%
造纸	4.2%	3.8%	3.7%	1.7%	0.8%	0.8%	3.3%	1.3%
印刷与出版	4.5%	6.2%	6.9%	5.0%	3.9%	3.3%	-4.8%	-1.8%
橡胶与塑料	5.1%	4.2%	4.1%	5.4%	2.4%	3.1%	3.2%	-1.8%
基本药物	7.3%	10.0%	8.8%	11.1%	7.6%	2.6%	6.5%	1.7%
家具	5.2%	8.4%	10.1%	7.4%	5.4%	1.1%	-0.7%	1.4%
其他制造业	3.0%	5.5%	4.1%	4.2%	-2.6%	-5.6%	-0.5%	0.2%
整个制造业	6.0%	6.1%	6.2%	6.1%	4.8%	3.7%	3.0%	0.5%

数据来源：UNIDO Statistics，2019 年 3 月。

第三节 医药工业重点国家发展情况

一、重点医药工业国家——德国

德国医药工业是制造业的重要组成部分，拥有拜耳等全球知名医药工业企业。医药企业平均产值显著高于整体制造业。2018 年德国医药市场规模为 423.3 亿欧元。德国医药工业增速自欧元区经济危机以来持续放缓。2018 年，德国医药企业总计 559 家，其中基本制剂企业和药物企业分别为 480 家和 78 家；销售收入总计 423.3 亿欧元，其中基本制剂和药物销售收入分别为 410.3 亿欧元和 13.0 亿欧元；就业人数 11.9 万。医药企业数量占整体制造业的 0.28%，但产值占比达到 2.01%，意味着医药企业平均产值为整体制造业平均产值的 7.2 倍。

表 1-4 2018 年德国医药工业经济指标

	制造业	基本药物	制剂	医药工业	占比
企业数量（家）	200357	78	480	559	0.28%
销售收入（亿欧元）	20649.3	13.0	410.3	423.3	2.01%
产值（亿欧元）	18293.8	13.1	354.4	367.5	2.0%
就业人数（人）	7351150	5705	112807	118513	1.6%

数据来源：Eurostat，2019 年 3 月。

2018 年，德国整体制造业发展缓慢，其中制造业生产指数平均相较上年下降 8.6%。医药工业发展态势与整体制造业相近，产值总计 367.5 亿欧元，较上年同期下降 21.8%。其中，制剂产值达到 354.4 亿欧元，产值比上年减少 102.0 亿欧元，基本工业产值为 13.1 亿欧元，产值比上年减少 0.5 亿欧元（见图 1-2）。2018 年生产指数相较上年相对持平。除 11 月、12 月外，各月的生产指数在 120 到 144 之间波动，其中 6—9 月生产指数达到了顶峰期，分别为 142.3、142.4、144.6 和 141.0。从产业结构看，2018 年全年制剂工业生产指数与制药工业生产指数基本重合，同步率非常高，为制药工业做出了主要贡献。基本药物生产指数较上年同期相比有较大幅度提高。全年基本药物生产指数平均为 97.4，较上年同期相比提高了 5.9（见图 1-3）。

图 1-2　2016—2018 年德国医药工业产值情况（单位：亿欧元）

（数据来源：Eurostat，2019 年 3 月）

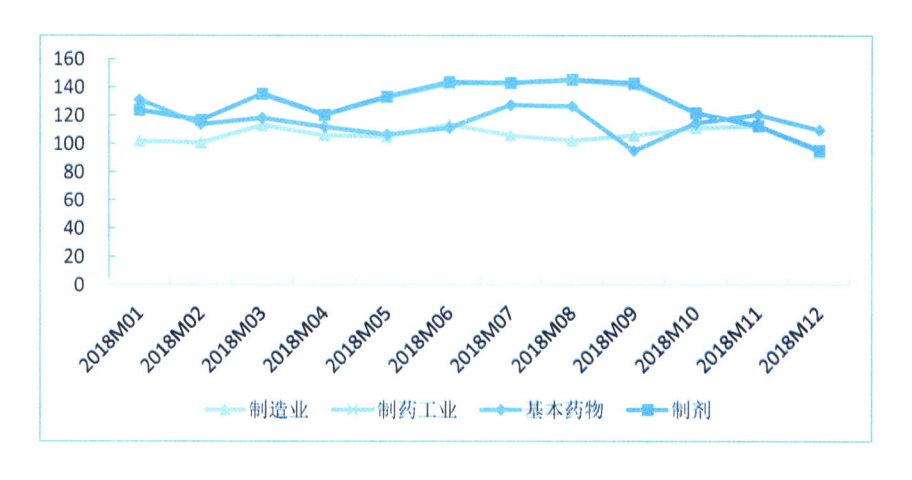

图 1-3　2018 年 1—12 月德国制药工业生产指数变化情况

（数据来源：Eurostat，2019 年 3 月）

销售收入方面，2018年德国医药工业销售态势较差。如图1-4所示，总销售额为423.3亿欧元，相较2017年销售收入下降21.3%。从销售收入结构来看，制剂为制药工业的主要产品，制剂实现销售收入410.3亿欧元，比上年减少113.5亿欧元，基本药物实现销售收入13.0亿欧元，比上年减少1.0亿欧元。具体到每个月的情况，除1、8、9月外，2018年全年制药工业销售收入指数均低于整体制造业，全年平均销售收入指数达到105.5，低于全年制造业平均销售收入指数2.4个点（见图1-5）。从销售目的地来看，国内销售大幅下降，国外销售是维持销售收入的主要来源。与国内销售收入指数相比，各月国外销售收入指数明显高于国内销售收入指数，各月均高于15.0以上。

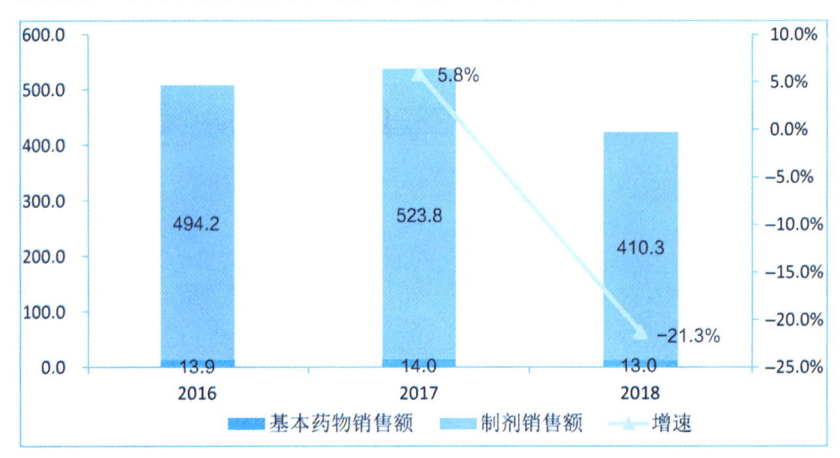

图1-4　2016—2018年德国医药工业销售收入情况（单位：亿欧元）

（数据来源：Eurostat，2019年3月）

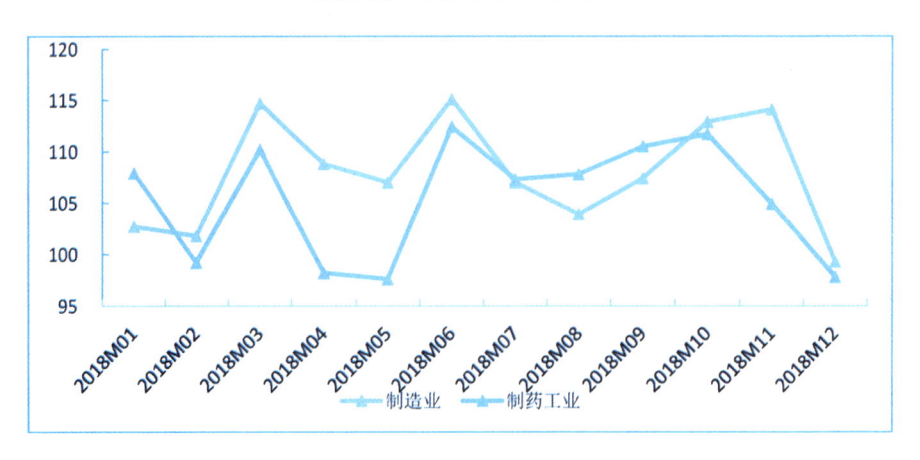

图1-5　2018年1—12月德国制药工业销售收入指数

（数据来源：Eurostat，2019年3月）

出厂价格指数方面，制药工业出厂价格指数均低于整体工业出厂价格指数，2018年各月出厂价格指数均值为98.7，较上年均值低了4.8个点。细分产品方面，基本制剂全年产品出厂价格指数比较稳定，与制药工业整体出厂价格指数保持高度同步率，基本药物产品出厂价格指数波动性较大，其中，1、2月指数升高于整体制造业指数，分别为103.9和103.8（见图1-6）。

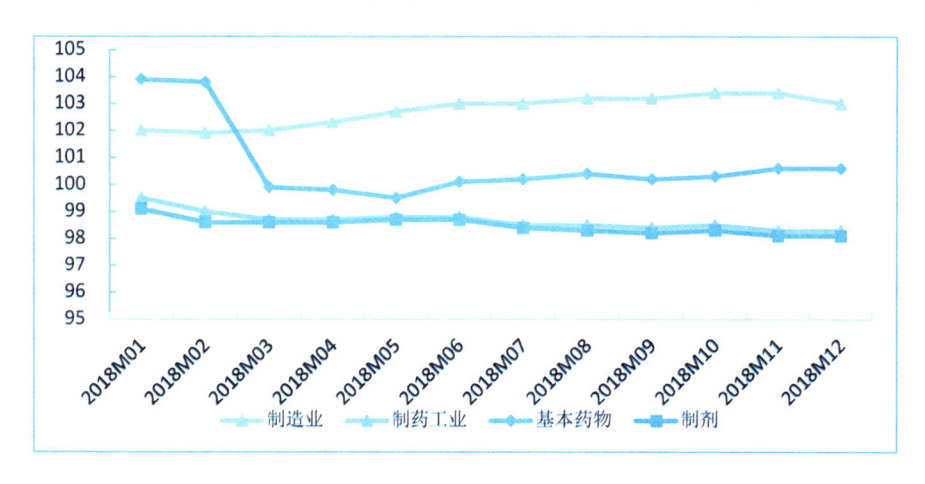

图1-6　2018年1—12月德国制药工业出厂价格指数

（数据来源：Eurostat，2019年3月）

进出口方面，从出口方向来看，德国医药凭借着产品质量优势，主要出口到发达国家。2018年，德国医药出口总额达839.6亿美元，同比增长了8.9个百分点。其中，前十大出口国分别为美国、荷兰、瑞士、英国、法国、意大利、中国、日本、比利时和澳大利亚，累计份额为67.8%，同比下降了3.9%。其中向瑞士、中国、美国、荷兰、法国、澳大利亚和意大利等出口产品出口额分别同比上涨29.2%、14.5%、7.8%、7.5%、6.2%、3.2%和0.6%，其余出口市场出口额同比下降（见表1-5）。

表1-5　2018年德国医药工业出口情况

	2017年出口（亿美元）	2018年出口（亿美元）	同比增长	占总出口份额
全球	771.0	839.6	8.9%	100.0%
美国	136.6	147.2	7.8%	17.5%
荷兰	91.0	97.8	7.5%	11.7%
瑞士	69.7	90.0	29.2%	10.7%
英国	70.3	57.4	−18.3%	6.8%

续表

	2017年出口（亿美元）	2018年出口（亿美元）	同比增长	占总出口份额
法国	38.5	41.0	6.2%	4.9%
意大利	31.0	31.2	0.6%	3.7%
中国	26.0	29.7	14.5%	3.5%
日本	31.0	28.3	-8.9%	3.4%
比利时	25.0	25.0	0.0%	3.0%
澳大利亚	20.7	21.4	3.2%	2.5%

数据来源：Comtrade，2019年3月。

从进口来看，2018年，德国医药总进口537.0亿美元，同比增长9.4%。德国主要进口来源地为发达国家，对医药产业质量要求较高。其中，前十大进口来源地分别为荷兰、瑞士、美国、爱尔兰、意大利、法国、比利时、英国、澳大利亚和韩国，累计份额为83.6%，较上年下降了4.0个百分点。其中从荷兰、美国、澳大利亚、爱尔兰、英国、比利时、瑞士、法国等国进口额分别同比上涨19.6%、8.3%、7.2%、3.3%、2.1%、1.6%、1.5%和0.6%，此外，从韩国的进口额由0.7亿美元增长到12.9亿美元，增速最快，达到1794%。仅有从意大利的进口额同比相对下降（见表1-6）。

表1-6　2018年德国医药工业进口情况

	2017年进口（亿美元）	2018年进口（亿美元）	同比增长	占总进口份额
全球	491.0	537.0	9.4%	100.0%
荷兰	88.5	105.8	19.6%	19.7%
瑞士	85.8	87.0	1.5%	16.2%
美国	78.8	85.4	8.3%	15.9%
爱尔兰	34.6	35.8	3.3%	6.7%
意大利	29.8	29.6	-0.6%	5.5%
法国	26.8	26.9	0.6%	5.0%
比利时	25.3	25.7	1.6%	4.8%
英国	24.8	25.3	2.1%	4.7%
澳大利亚	13.5	14.5	7.2%	2.7%
韩国	0.7	12.9	1794.6%	2.4%

数据来源：Comtrade，2019年3月。

进口价格指数方面，2018年各月的进口价格指数见图1-7。

图 1-7　2018 年 1—12 月德国制药工业进口价格指数

（数据来源：Eurostat，2019 年 3 月）

企业方面，德国医药工业企业以制剂企业居多，2018 年，559 家医药工业企业中，制剂企业数量达到 480 家，占比 85.8%，2017 年和 2018 年，医药企业和医药企业数量均在缓慢减少，其中，2017 年企业总数减少 2.0%，2018 年减少 8.6%（见图 1-8）。

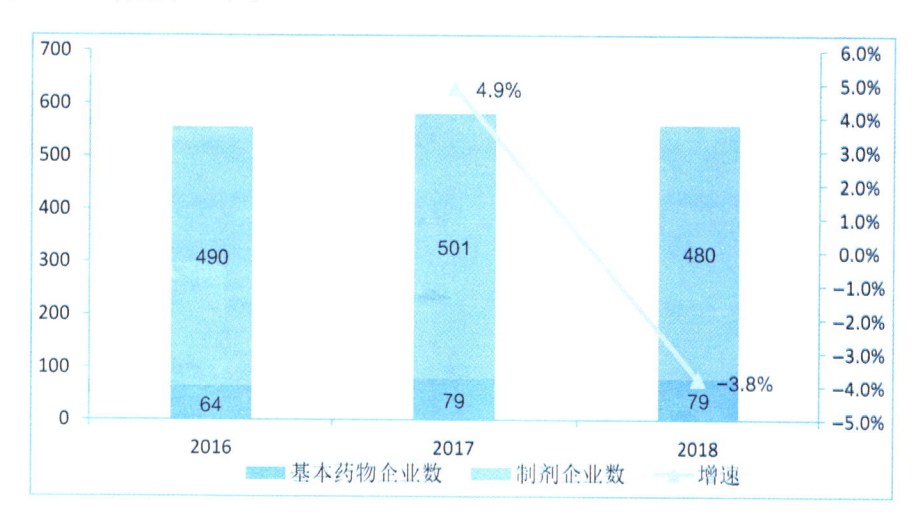

图 1-8　2016—2018 年德国医药工业企业数量及发展趋势

（数据来源：Eurostat，2019 年 3 月）

二、重点医药工业国家——比利时

比利时是全球知名的药品分销中心和制药产业技术中心。比利时的大型药企主要有杨森制药（属于强生集团全资子公司）、欧米茄制药、优时比制药（UCB）等公司，此外，辉瑞制药、赛诺菲-安万特、罗氏制药、百特、葛兰素史克、健赞制药、先灵葆雅以及雅培公司等大型跨国药企在比利时进行了大量投资。2018年，比利时医药工业产值约为整体制造业的10%左右，相较于上年上升了4个百分点。产业销售收入为234.2亿欧元，产值为258.9亿欧元。从就业人数来看，比利时医药工业就业人数约为整体制造业的5.0%左右（见表1-7）。

表1-7 2018年比利时医药工业经济指标

	制造业	医药工业	基本药物	制剂
企业数量（个）	37178	133	18	115
销售收入（亿欧元）	2693.9	234.2	1.0	233.3
产值（亿欧元）	2554.9	258.9	1.1	257.8
就业人数（人）	505523	25459	625	24834

数据来源：Eurostat，2019年3月。

工业生产方面，比利时医药工业快速增长，情况显著好于上年。2017年和2018年产值分别增加34.3亿欧元和46.6亿欧元，增速分别为19.1%和21.7%（见图1-9）。2018年，比利时医药工业产值达到234.3亿欧元，全年医药工业生产指数整体保持较高水平，其中11月的生产指数达到了顶峰，为196.8。全年基本药物生产指数平均为167.0，较整个工业生产指数高出52.0，较上年同期相比提高了7.0。医药工业与整体制造业相比增长迅速，各月医药工业生产指数均高于整体制造业，在制造业的地位得到进一步提升（见图1-10）。

图1-9 2016—2018年比利时医药工业产值情况（单位：亿欧元）

（数据来源：Eurostat，2019年3月）

图 1-10　2018 年 1—12 月比利时医药工业生产指数

（数据来源：Eurostat，2019 年 3 月）

工业销售方面，比利时医药销售稳步增加，情况亦明显好于上年。从销售收入来看，制剂为医药工业的主要产品，占医药工业销售收入的 99.6%以上。2017 年和 2018 年制剂销售额分别增长 24 亿欧元和 51.3 亿欧元，增长率分别为 15.1%和 27.8%。基本药物销售额维持在 1.0 亿欧元左右（见图 1-11）。与整体制造业相比，各月销售收入指数均高于同期整体制造业，2018 年 1—12 月，医药销售收入指数平均数达到 178.3，比整体制造业销售收入指数平均数高出 65.8。其中 3 月和 11 月分别达到两个销售峰值，分别为 218.2 和 232.6（见图 1-12）。

图 1-11　2016—2018 年比利时医药工业销售收入情况（单位：亿欧元）

（数据来源：Eurostat，2019 年 3 月）

图 1-12　2018 年 1—12 月比利时医药工业销售收入指数

（数据来源：Eurostat，2019 年 3 月）

出厂价格指数方面，在 2018 年比利时整体制造业出厂价格持续走高的趋势下，医药工业出厂价格指数维持在较低水平，出厂价格指数平均数在 87.6 左右，比整体制造业出厂价格指数平均数低 23.4。2018 年，比利时医药工业出厂价格指数远低于前年和上年同期（见图 1-13）。

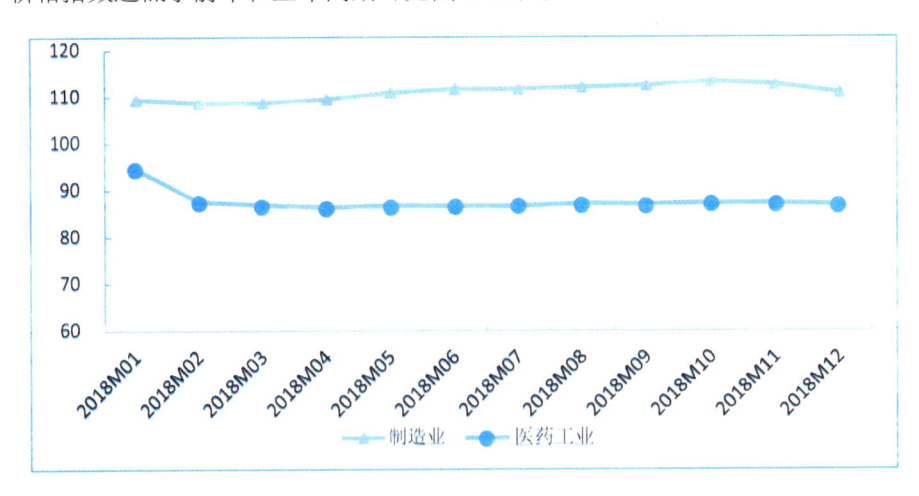

图 1-13　2018 年 1—12 月比利时医药工业出厂价格指数

（数据来源：Eurostat，2019 年 3 月）

出口方面，比利时是全球第三大医药出口国，仅次于德国和瑞士。比利时医药工业出口目的地主要为发达国家，这点与德国医药工业类似。2018 年，比利时医药工业出口总额为4431.8亿美元,相较于上年增长了2.9个百分点。其中,排在前十位的目的地国家分别为美国、德国、英国、意大利、法国、瑞士、西班牙、荷兰、中国和俄罗斯,前十国累计出口额占其全球出口总额的65.7%,相较于上年下降了2.6个百分点(见表1-8)。

表1-8　2018年比利时医药工业出口情况

	2017年出口（亿美元）	2018年出口（亿美元）	同比增长	占总出口份额
全球	419.8	431.8	2.9%	100.0%
美国	74.2	65.4	-11.9%	15.1%
德国	44.3	41.6	-6.1%	9.6%
英国	44.3	39.1	-11.7%	9.1%
意大利	35.5	34.1	-3.9%	7.9%
法国	30.5	33.0	8.3%	7.6%
瑞士	8.2	16.4	101.6%	3.8%
西班牙	12.9	14.9	15.6%	3.4%
荷兰	12.1	14.1	16.5%	3.3%
中国	9.8	13.5	37.7%	3.1%
俄罗斯	8.2	11.4	38.9%	2.6%

数据来源：Comtrade，2019年3月。

进口方面,2018年,比利时医药总进口346.8亿美元,同比下降0.6个百分点。进口来源地方面,比利时医药主要进口来源地均为发达国家。其中前十大进口国或地区分别为美国、爱尔兰、意大利、瑞士、法国、德国、荷兰、新加坡、英国和加拿大。前十国累计份额占进口总额的91.5%,相较于上年上升了6.4个百分点。其中,从爱尔兰、瑞士、法国、英国和加拿大等进口国进口额分别同比上涨21.0%、36.6%、9.4%、11.7%和25.8%,其余进口来源地进口额均变化不大或同比下降(见表1-9)。

表1-9　2018年比利时医药工业进口情况

	2017年进口（亿美元）	2018年进口（亿美元）	同比增长	占总进口份额
全球	348.9	346.8	-0.6%	100.0%
美国	92.4	71.0	-23.2%	20.5%
爱尔兰	58.2	70.4	21.0%	20.3%
意大利	52.9	46.2	-12.5%	13.3%

续表

	2017年进口（亿美元）	2018年进口（亿美元）	同比增长	占总进口份额
瑞士	24.6	33.7	36.6%	9.7%
法国	30.2	33.0	9.4%	9.5%
德国	23.8	24.1	1.1%	6.9%
荷兰	15.7	16.1	2.4%	4.6%
新加坡	11.6	8.6	-25.9%	2.5%
英国	7.1	8.0	11.7%	2.3%
加拿大	5.1	6.5	25.8%	1.9%

数据来源：Comtrade，2019年3月。

从企业来看，比利时制剂企业占据医药工业企业的86%以上，而且大型医药企业垄断了医药市场，而中小企业数量较多。2016—2018年，基本药物企业数量基本不变，制剂企业数量增长较快，2018年新增制剂企业32家（见图1-14）。

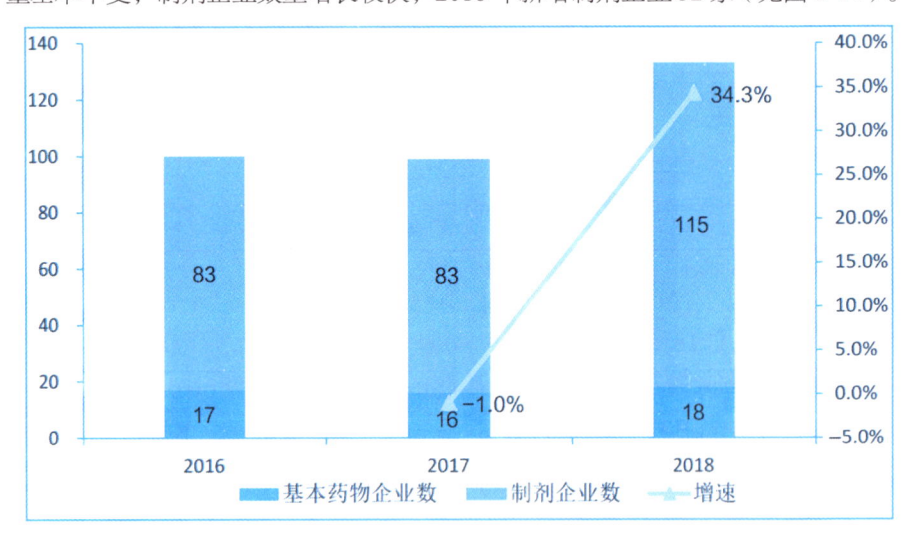

图1-14 2016—2018年比利时医药工业企业数量及发展趋势

（数据来源：Eurostat，2019年3月）

第四节 食品工业重点国家发展情况

一、食品工业重点国家——法国

食品工业（特别是食品行业）在法国制造业中占据非常重要的地位。2018年，法国食品行业的企业数量、销售收入、产值和就业人数分别为54643个、2281.0亿欧元、1834.6 亿欧元和 623431 人，分别占法国整体制造业的 27.2%、22.3%、20.6%和 21.5%，分别较上年同期增长-7.1%、12.7%、6.7%和 0.1%（见表 1-10）。

表 1-10　2018 年法国食品工业经济指标

	制造业	食品	饮料	食品总量	占比
企业数量（个）	200815	51149	3494	54643	27.2%
销售收入（亿欧元）	10248.1	1836.1	444.9	2281.0	22.3%
产值（亿欧元）	8893.6	1467.8	366.8	1834.6	20.6%
就业人数（人）	2905577	576093	47338	623431	21.5%

数据来源：Eurostat，2019 年 3 月。

工业生产方面，2018 年，法国食品工业生产相比上年有一定程度复苏，总产值达到 1834.6 亿欧元，比上年同期增长 8.9%。其中，食品工业产值达到 1467.8 亿欧元，产值比上年增加 67.4 亿欧元，增长率为 4.7%，饮料工业产值达到 366.8 亿欧元，产值比上年增加 82.5 亿欧元，增长率为 29.5%（见图 1-15）。2018 年 1—12 月，食品工业和饮料工业生产指数波动较大，除 8 月外，食品工业生产指数均低于整体制造业。其中，食品工业在 10 月达到峰值 106.6，2 月达到最低点 91.6，各月指数平均数为 97.5，低整体制造业指数平均数 6.2；饮料工业生产指数在 10 月达到峰值 117.6，2 月达到最低点 81.5，各月指数平均数为 102.6（见图 1-16）。

图 1-15　2016—2018 年法国食品工业产值情况（单位：亿欧元）

（数据来源：Eurostat，2019 年 3 月）

销售收入方面，2018 年法国食品销售收入相比上年有较大幅度提高，总销售额为 2281.0 亿欧元，相较 2017 年销售收入增长 26.9%。从销售收入结构来看，食品为食品工业的主要产品，食品工业实现销售收入1836.1亿欧元，比上年增加332.8亿欧元，增长率为22.1%，饮料工业实现销售收入444.9亿欧元，比上年增加150.4亿欧元，增长率为51.1%（见图1-17）。2018年1—12月，食品工业和食品销售收入指数呈现波动增长态势。其中，食品各月销售收入指数12月达到峰值116.7，7月达到最低点93.4，各月指数平均数为105.6，比整体制造业指数平均数低4.2；饮料工业生产指数11月达到峰值125.3，2月达到最低点90.7，各月指数平均数为109.5，比整体制造业指数平均数低0.2（见图1-18）。

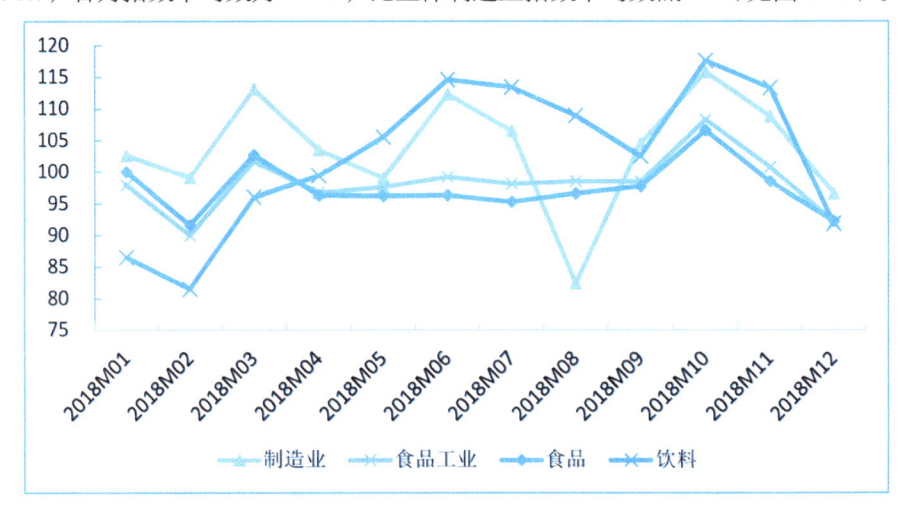

图1-16　2018年1—12月法国食品工业生产指数变化情况

（数据来源：Eurostat，2019年2月）

图1-17　2016—2018年法国食品工业销售收入情况（单位：亿欧元）

（数据来源：Eurostat，2019年3月）

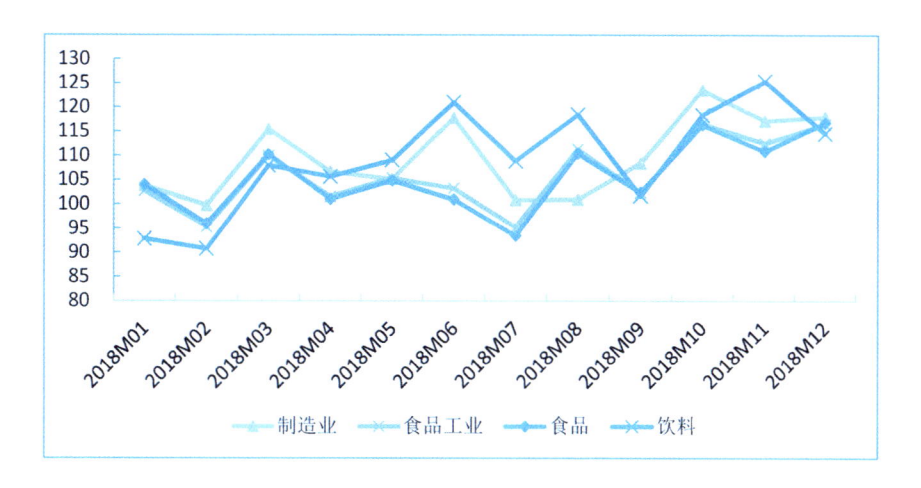

图 1-18　2018 年 1—12 月法国食品工业销售收入指数变化情况

（数据来源：Eurostat，2019 年 2 月）

产品价格方面，2018 年，法国食品工业与饮料工业全年出厂价格处于逐步上升的态势。2018 年 1—12 月，食品工业价格出厂价格指数在 100.0 左右波动，从细分领域来看，2018 年 1—12 月，法国饮料制造业快速发展，各月生产指数均远高于食品工业，与整个制造业出厂价格指数水平持平。12 月达到峰值 103.5，1 月达到最低点 101.3，各月指数平均数为 102.2，比整体制造业指数平均数低 0.6，比上年指数平均数低 9.7；服装行业价格指数 8 月达到峰值 103.4，1 月达到最低点 101.3，各月指数平均数为 102.5，比整体制造业指数平均数高 0.29；食品产业跟整个食品工业生产指数同步率较高，12 月达到峰值 100.9，4 月达到最低点 99.6，各月指数平均数为 100.0，比整体制造业指数平均数低 2.3（见图 1-19）。

进出口方面，2018 年，法国食品贸易顺差为 29.3 亿美元。从出口来看，食品饮料工业 2017 年出口总额达 597.9 亿美元，排名前十的出口目的地国家分别是比利时、德国、英国、意大利、美国、西班牙、荷兰、中国、瑞士和阿尔及利亚，累计份额达 69.6%，相较上年累计份额提高 0.8%。其中出口增长最快的是中国，增速达到 25.7%。出口荷兰、美国和比利时的金额也有较快增长，分别为 12.7%、11.4%和 10.5%（见表 1-11）。从进口来看，食品工业 2018 年进口总额 533.8 亿美元，同比增长 8.7%。其中，前十大进口来源地分别为西班牙、比利时、德国、荷兰、意大利、英国、瑞士、波兰、摩洛哥和爱尔兰，累计份额为 69.5%，较上年增长 0.1 个百分点。其中，从西班牙、比利时和德国进口的金额占到进口总金额的 36.3%，但相较上年分别下降 13.0%、27.4%和 30.6%。

从瑞士、波兰和摩洛哥的进口量也有所下降。与此相反，从爱尔兰、荷兰和意大利的进口量有所增长，分别增长 1402%、46.4% 和 46.7%（见表 1-12）。

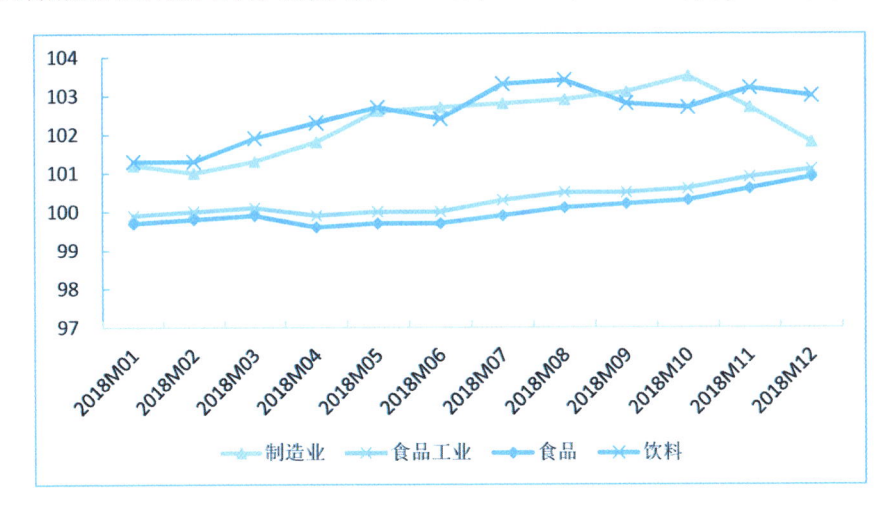

图 1-19　2018 年 1—12 月法国食品工业出厂价格指数变化情况

（数据来源：Eurostat，2019 年 3 月）

表 1-11　2018 年法国食品行业出口情况

	2017 年出口（亿美元）	2018 年出口（亿美元）	同比增长	占总出口份额
全球	550.4	597.9	8.6%	100.0%
比利时	60.5	66.9	10.5%	11.2%
德国	59.2	65.0	9.8%	10.9%
英国	51.1	54.0	5.7%	9.0%
意大利	49.0	52.6	7.3%	8.8%
美国	40.6	45.2	11.4%	7.6%
西班牙	41.2	44.8	8.9%	7.5%
荷兰	28.3	31.9	12.7%	5.3%
中国	21.0	26.4	25.7%	4.4%
瑞士	16.1	17.3	7.4%	2.9%
阿尔及利亚	11.7	12.0	2.9%	2.0%

数据来源：Comtrade，2019 年 3 月。

表1-12　2018年法国食品行业进口情况

	2017年进口（亿美元）	2018年进口（亿美元）	同比增长	占总进口份额
全球	491.0	533.8	8.7%	100.0%
西班牙	88.5	77.0	−13.0%	14.4%
比利时	85.8	62.3	−27.4%	11.7%
德国	78.8	54.7	−30.6%	10.2%
荷兰	34.6	50.7	46.4%	9.5%
意大利	29.8	44.0	47.6%	8.2%
英国	26.8	27.8	3.8%	5.2%
瑞士	25.3	19.4	−23.3%	3.6%
波兰	24.8	13.3	−46.5%	2.5%
摩洛哥	13.5	11.7	−13.7%	2.2%
爱尔兰	0.7	10.3	1402.6%	1.9%

数据来源：Comtrade，2019年3月。

进口价格方面，2018年1—12月，食品工业各月进口价格均高于整体制造业水平，且处于缓慢增长态势。其中1月为最低点102.0，7月达到峰值104.5，各月指数平均数为103.5，比整体制造业指数平均数高2.6（见图1-20）。

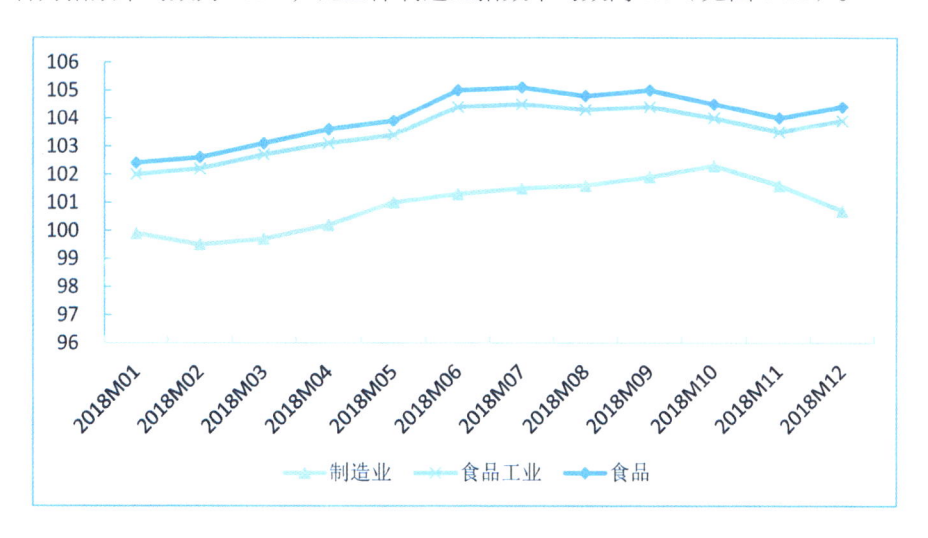

图1-20　2018年1—12月法国食品工业进口价格指数变化情况

（数据来源：Eurostat，2019年3月）

企业方面，法国食品工业企业以食品企业居多，2018年，54643家食品工业企业中，食品企业数量达到51149家，占比93.6%，2017年和2018年，食品企业和食品工业企业数量均在缓慢减少，其中，2017年企业总数减少2.0%，2018年减少8.6%（图1-21）。

图1-21 2015—2017年法国食品工业企业数量情况（单位：个）

（数据来源：Eurostat，2019年3月）

二、食品工业重点国家——英国

食品工业是英国制造业中的重要领域，特别是食品行业。2018年，英国食品行业的企业数量、销售收入、工业产值和就业人数分别为10264个、976.0亿欧元、879.9亿欧元和457819人，分别占整体制造业的7.5%、14.2%、14.4%和17.9%（见表1-13）。

表1-13 2018年英国食品工业经济指标

	制造业	食品	饮料	食品总量	占比
企业数量（个）	136730	8035	2229	10264	7.5%
销售收入（亿欧元）	6876.3	976.0	—	976.0	14.2%
产值（亿欧元）	6097.7	879.9	—	879.9	14.4%
就业人数（人）	2556448	413529	44290	457819	17.9%

数据来源：Eurostat，2019年3月。

工业生产方面，2018年，英国食品工业产值相比于上年略有下降，总产值达到879.9亿欧元，比上年同期下降4.9%（见图1-22）。1—12月食品工业生产指数波动较大，其中，食品工业10月达到峰值117.0，2月达到最低点94.3，各月指数平均数为107.3（见图1-23）。

图1-22　2016—2018年法国食品工业产值情况（单位：亿欧元）

（数据来源：Eurostat，2019年3月）

图1-23　2018年1—12月英国食品工业生产指数变化情况

（数据来源：Eurostat，2019年3月）

销售收入方面，2018年英国食品销售收入相比上年略有下降，总销售额为976.0亿欧元，相较2017年销售收入下降3.7%（见图1-24）。

图 1-24　2016—2018 年英国食品工业销售收入情况（单位：亿欧元）

（数据来源：Eurostat，2019 年 3 月）

从价格走势来看，2018 年英国食品工业整体维持稳定趋势。2018 年 1—12 月，食品工业出厂价格指数在 109 左右波动，从细分领域来看，2018 年 1—12 月，英国饮料制造业快速发展，各月生产指数均远高于食品工业，维持在 118 左右波动。食品跟整个食品工业生产指数同步率较高（见图 1-25）。

图 1-25　2018 年 1—12 月英国食品工业出厂价格指数变化情况

（数据来源：Eurostat，2019 年 3 月）

进出口方面，英国食品行业 2018 年贸易顺差为 296.6 亿美元。从出口来看，食品工业 2018 年出口总额达 264.6 亿美元，排名前十的出口目的地国家或地区分别是爱尔兰、美国、法国、荷兰、德国、西班牙、比利时、意大利、中国和中国香港，累计份额达 66.1%，相较上年累计份额提高 0.8%。其中出口增长最快的是中国，增速达到 18.0%。出口比利时、中国香港和荷兰的金额也有较快增长，分别为 17.1%、16.8% 和 10.1%。从进口来看，食品行业 2018 年进口总额 561.2 亿美元，同比增长 3.6%。其中，前十大进口来源地分别为荷兰、法国、德国、爱尔兰、西班牙、意大利、比利时、波兰、丹麦和美国，累计份额为 69.4%，较上年增长了 0.2 个百分点。除丹麦外，从其余进口来源地进口额均相对上年有所增长（见表 1-14、表 1-15）。

表 1-14 2018 年英国食品行业出口情况

	2017年出口（亿美元）	2018年出口（亿美元）	同比增长	占总出口份额
全球	254.7	264.6	3.9%	100.0%
爱尔兰	41.7	44.7	7.3%	16.9%
美国	28.8	29.1	0.8%	11.0%
法国	27.5	28.1	2.4%	10.6%
荷兰	15.5	17.0	10.1%	6.4%
德国	15.8	16.5	4.9%	6.2%
西班牙	13.0	12.1	-7.0%	4.6%
比利时	6.5	7.6	17.1%	2.9%
意大利	6.8	6.9	1.8%	2.6%
中国	5.7	6.8	18.0%	2.6%
中国香港	5.3	6.1	16.8%	2.3%

数据来源：Comtrade，2019 年 3 月。

表 1-15 2018 年英国食品行业进口情况

	2017年进口（亿美元）	2018年进口（亿美元）	同比增长	占总进口份额
全球	541.9	561.2	3.6%	100.0%
荷兰	63.8	66.0	3.4%	11.8%
法国	51.3	55.1	7.3%	9.8%
德国	51.0	53.9	5.6%	9.6%
爱尔兰	52.0	52.2	0.4%	9.3%
西班牙	40.1	41.2	2.7%	7.3%
意大利	34.5	34.9	1.2%	6.2%
比利时	29.4	30.4	3.5%	5.4%

续表

	2017年进口（亿美元）	2018年进口（亿美元）	同比增长	占总进口份额
波兰	19.0	21.0	10.6%	3.7%
丹麦	18.3	18.3	−0.1%	3.3%
美国	15.8	16.3	3.4%	2.9%

数据来源：Comtrade，2019年3月。

企业方面，英国食品工业企业以食品企业居多，2018年，10264家食品工业企业中，食品企业数量达到8035家，占比78.3%，近年2016年和2017年，食品工业企业和食品企业数量均在缓慢增长，其中，2016年企业总数增长6.0%，2017年增长4.8%（见图1-26）。

图1-26　2016—2018年英国食品工业企业数量情况（单位：个）

（数据来源：Eurostat，2019年3月）

第五节　纺织服装工业重点国家发展情况

纺织服装工业重点国家——意大利

意大利的纺织服装行业一直是"意大利制造"的典型代表领域之一，意大利作为全球服装业发达的国家，不仅体现在行业经济数据上，更拥有着众多全球知名品牌。包括阿玛尼（Armani）、普拉达（Prada）、范思哲（Versace）、杰尼亚（Zegna）、杜嘉班纳（Dolce Gabbanax）、Gucci、Missoni、Diesel等。凭借其卓越的设计、精巧的制作和领先的后整理技术，始终在全球市场享有很高的地位。2018年，意大利纺织服装工业企业数量达到42731家，相比于上年减少1070家，销售收入达到496.4亿欧元，产值达到490.8亿欧元，就业人数达到319272人，分别占意大利制造业的10.8%、5.7%、5.8%和10.1%（见表1-16）。

表1-16　意大利纺织与服装行业生产指标

	制造业	纺织	服装	纺织服装	占比
企业数量（家）	396422	13866	28865	42731	10.8%
销售收入（亿欧元）	8675.1	211.20	285.2	496.4	5.7%
产值（亿欧元）	8491	213.2	277.6	490.8	5.8%
就业人数（人）	3148121	121980	197292	319272	10.1%

数据来源：Eurostat，2019年3月。

工业生产方面，2018年，意大利纺织服装工业相比于上年有一定程度复苏，产值达到490.8亿欧元，产值比上年增加5.2亿欧元，增长率为1.1%（见图1-27）。纺织工业和服装工业生产指数与整体制造业相比较不景气，但相比上年纺织服装工业生产指数有较大提升。2018年1—12月，纺织工业和服装工业生产指数波动较大，其中纺织工业10月达到峰值118.1，8月达到最低点37.4，各月指数平均数为97.3，比整体制造业指数平均数低9.5，比上年指数平均数高13.7；服装工业生产指数1月达到峰值138.2，2月达到最低点78.1，各月指数平均数为93.6，比整体制造业指数平均数低13.2，比上年指数平均数高25.6（见图1-28）。

工业销售方面，近四年来，意大利纺织服装工业整体销售稳定在490亿欧元左右，2018年意大利纺织服装销售收入相比上年略有提高，与整体制造业态势相近，销售额为492.7亿欧元，相较2017年增长1.0%。从销售收入结构来看，服装为纺织服装工业的主要产品，占行业总销售收入的58.5%以上。2018年服装销售额增长3.6亿欧元，纺织工业销售额近四年来不断缓慢下降（见图1-29）。2018年1—12月，纺织工业和服装工业销售收入指数整体呈现波动态势（见图1-30）。其中，纺织行业各月销售收入指数均接近制造业同期水平，同步率较高。服装行业销售收入指数与制造业同期指数相差较大。其中纺织工业5月达到峰值123.3，8月达到最低点51.6，各月指数平均数为104.4，比整体制造业指数平均数低3.9，比上年指数平均数高1.6；服装工业生产指数7月达到峰值115.8，4月达到最低点74.2，比整体制造业指数平均数低3.9，比上年指数平均数高7.8。

图 1-27　2015—2018 年意大利纺织服装工业产值情况（单位：亿欧元）

（数据来源：Eurostat，2019 年 3 月）

图 1-28　2018 年 1—12 月意大利纺织服装行业生产指数变化情况

（数据来源：Eurostat，2019 年 3 月）

产品价格方面，与整体制造业相似，意大利纺织行业与服装行业全年出厂价格处于逐步上升的态势，纺织与服装行业各月出厂价格指数与整个制造业同步率高。细分行业方面，2018 年 1—12 月，纺织工业价格指数相比上年同期下降幅度大，其中纺织工业 12 月达到峰值 103.5，1 月达到最低点 101.3，各月指数平均数为 102.2，比整体制造业指数平均数低 0.6，比上年指数平均数低 9.7；

服装行业价格指数 12 月达到峰值 102.4，1 月达到最低点 101.5，各月指数平均数为 102.0，比整体制造业指数平均数低 0.8，比上年指数平均数高 3.9（见图 1-31）。

图 1-29　2015—2018 年意大利纺织服装工业销售收入情况（单位：亿欧元）

（数据来源：Eurostat，2019 年 3 月）

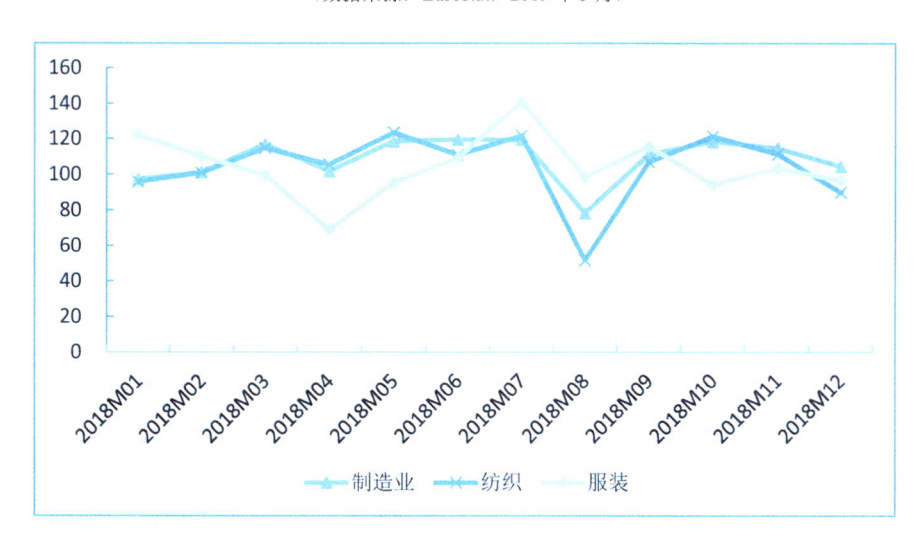

图 1-30　2018 年 1—12 月意大利纺织服装行业销售收入指数变化情况

（数据来源：Eurostat，2019 年 3 月）

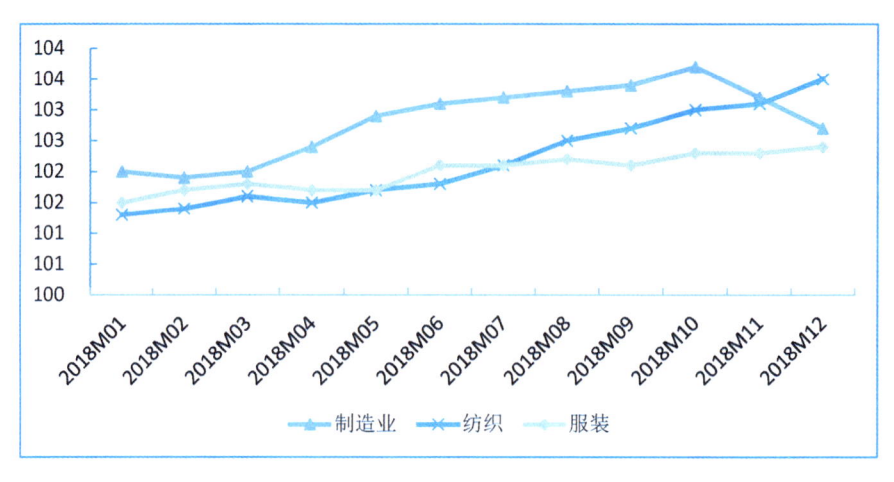

图 1-31　2018 年 1—12 月意大利纺织服装行业出厂价格指数变化情况

（数据来源：Eurostat，2019 年 3 月）

纺织行业进出口方面，意大利是全球重要的纺织行业出口大国，2017 年，贸易顺差为 29.3 亿美元。2018 年，贸易顺差为 24.5 亿欧元。从出口来看，纺织行业 2017 年出口总额达 116.5 亿美元，排名前十的出口目的地国家或地区分别是德国、法国、罗马尼亚、西班牙、美国、中国、英国、土耳其、中国香港和波兰，累计份额为 55.1%。其中出口增长最快的是中国，增速达到 18.1%。2018 年，尽管中国的经济发展放缓，但中国大陆和中国香港地区，排在德国前面，成为排名第一的意大利面料出口市场，在 2018 年前 10 个月，对中国大陆和中国香港地区出口增长分别超过 3% 和 6.1%（见表 1-17）。从进口来看，意大利进口面料量明显减少，纺织行业 2017 年进口总额为 74.3 亿美元，降幅达 4.8%，2018 年降幅达 5.9%。其中，前十大进口来源地分别为中国、土耳其、德国、西班牙、法国、印度、罗马尼亚、巴基斯坦和捷克，累计份额为 69.4%，较上年下降了 14.2 个百分点。其中，从中国和土耳其进口的金额占到进口总金额的 30.8%，市场份额分别为 20.4% 和 10.4%。从德国、法国、印度和罗马尼亚的进口量也有所下降。与此相反，从西班牙、捷克和荷兰的进口有所增长（见表 1-18）。

表 1-17　2018 年意大利纺织行业出口情况

	2017 年出口（亿美元）	2018 年出口（亿美元）	同比增长	占总出口份额
全球	115.7	116.5	0.7%	100.0%
德国	13.0	13.0	0.4%	11.2%
法国	9.3	8.9	-3.9%	7.7%

续表

	2017年出口（亿美元）	2018年出口（亿美元）	同比增长	占总出口份额
罗马尼亚	8.5	8.5	-0.9%	7.3%
西班牙	6.3	6.6	5.9%	5.7%
美国	5.7	5.5	-3.1%	4.7%
中国	4.4	5.2	18.1%	4.4%
英国	5.0	4.9	-1.8%	4.2%
土耳其	4.2	4.2	0.7%	3.6%
中国香港	4.0	3.7	-5.1%	3.2%
波兰	3.5	3.7	4.6%	3.1%

数据来源：Comtrade，2019年3月。

表1-18　2018年意大利纺织行业进口情况

	2017年进口（亿美元）	2018年进口（亿美元）	同比增长	占总进口份额
全球	78.0	74.3	-4.8%	100.0%
中国	16.9	15.1	-10.6%	20.4%
土耳其	8.2	7.7	-5.9%	10.4%
德国	7.6	7.3	-4.3%	9.8%
西班牙	3.4	3.6	8.2%	4.9%
法国	3.5	3.2	-8.0%	4.3%
印度	3.6	3.1	-14.0%	4.2%
罗马尼亚	3.3	3.1	-4.9%	4.2%
巴基斯坦	3.0	3.0	-1.6%	4.0%
捷克	2.7	2.9	4.5%	3.8%
荷兰	2.3	2.5	9.9%	3.3%

数据来源：Comtrade，2019年3月。

服装行业进出口方面，2018年，贸易顺差为7.3亿美元。从出口来看，服装行业2018年出口总额达87.2亿美元，相较上年同期有较大幅度增长，增幅达到11.2%。排名前十的出口目的地国家或地区分别是法国、德国、英国、西班牙、中国香港、美国、瑞士、土耳其、俄罗斯和克罗地亚，累计份额为64.5%，相比上年增长9.4%。前十大出口国出口额均有不同程度增长，其中出口增长最快的是土耳其和中国香港，增速分别达到28.2%和20.9%（见表1-19）。从进口来看，意大利服装行业2018年进口总额达79.9亿美元，相较上年同期增长6.0%，其中，前十大进口来源地分别为中国、西班牙、孟加拉国、法国、德国、比利时、荷兰、土耳其、罗马尼亚和克罗地亚，累计份额为

71.7%，较上年下降了0.6个百分点。其中，从荷兰、法国、西班牙和德国的进口有所增长，增长率分别为27.5%、15.7%、10.4%和10.2%。从孟加拉国和罗马尼亚的进口量也有所增长。与此相反，从土耳其、罗马尼亚和中国的进口额分别下降13.3%、7.0%、4.3%和1.4%（见表1-20）。

表1-19　2018年意大利服装行业出口情况

	2017年出口（亿美元）	2018年出口（亿美元）	同比增长	占总出口份额
法国	9.7	10.3	6.7%	11.8%
德国	8.5	9.4	10.2%	10.8%
英国	6.6	7.4	11.2%	8.5%
西班牙	5.5	5.9	6.4%	6.7%
中国香港	4.3	5.2	20.9%	6.0%
美国	4.3	4.5	4.6%	5.2%
瑞士	3.7	4.3	14.0%	4.9%
土耳其	3.0	3.9	28.2%	4.5%
俄罗斯	2.6	2.7	2.7%	3.1%
克罗地亚	2.5	2.7	8.1%	3.1%

数据来源：Comtrade，2019年3月。

表1-20　2018年意大利服装行业进口情况

	2017年进口（亿美元）	2018年进口（亿美元）	同比增长	占总进口份额
全球	75.3	79.9	6.0%	100.0%
中国	12.3	12.2	-1.4%	15.2%
西班牙	9.1	10.1	10.4%	12.6%
孟加拉国	8.5	9.3	9.1%	11.7%
法国	6.6	7.7	15.7%	9.6%
德国	3.2	3.5	10.2%	4.4%
比利时	3.5	3.4	-4.3%	4.3%
荷兰	2.3	3.0	27.5%	3.7%
土耳其	3.4	3.0	-13.3%	3.7%
罗马尼亚	3.0	2.8	-7.0%	3.5%
克罗地亚	2.4	2.4	2.1%	3.0%

数据来源：Comtrade，2019年3月。

进口价格方面，2018年1—12月，纺织行业各月进口价格指数与整个制造业同步率高，均处于增长态势。其中1月为最低点100.0，12月达到峰值

101.3，各月指数平均数为 100.8，与整体制造业指数平均数 100.9 接近。与之相反，服装行业进口价格指数波动下降，1 月峰值为 100.3，7 月为最低值 98.9，各月指数平均数为 99.5，比整体制造业指数平均数低 1.5（见图 1-32）。

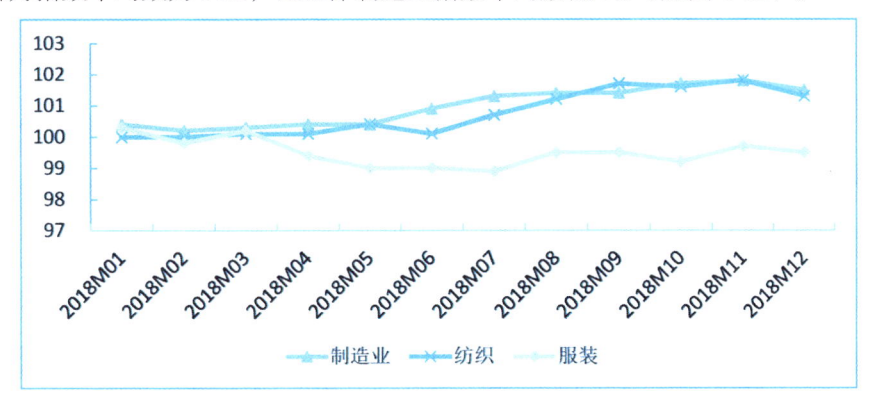

图 1-32　2018 年 1—12 月意大利纺织服装行业进口价格指数变化情况

（数据来源：Eurostat，2019 年 3 月）

企业方面，意大利纺织服装行业企业以服装企业居多，2018 年，42731 家纺织服装企业中，服装企业数量达到 28865 家，占比 67.6%，除了众多顶级奢侈品牌企业，还拥有大量二三线品牌企业，凭借其创新设计和高品质引领着全球时尚潮流。纺织工业企业门类俱全，涵盖所有的纤维产品企业，诸如棉、亚麻、丝和羊毛生产商等比比皆是。近年 2017 年和 2018 年，纺织企业和服装企业数量均在缓慢减少，其中，2017 年企业总数减少 2.4%，2018 年减少 1.4%（见图 1-33）。

图 1-33　2016—2018 年意大利纺织服装工业企业数量情况（单位：个）

（数据来源：Eurostat，2019 年 3 月）

第二章

2018年中国消费品工业发展状况

第一节 发展现状

一、经济下行压力较大，生产运行稳中趋缓

1—12月，与上年同期水平相比，消费品工业生产增速明显放缓，轻工业、纺织工业、医药工业增加值同比增长5.7%、2.9%、10.1%,工业增加值增速分别回落2.5、1.9、2.0个百分点。与工业平均水平相比，轻工业和纺织工业增加值增速低0.5和3.3个百分点。从细分行业看，受环保政策影响，造纸及纸制品业生产增速由上年同期的4.2%大幅下滑至1.0%；受产能结构调整、内外需疲软影响，纺织业生产增速也由上年同期的4.0%回落至1.0%（见表2-1）。

表2-1 2017—2018年1—12月主要消费品行业工业增加值增速及比较（%）

行 业	2018年1—12月	2017年1—12月
工业	6.2	6.6
轻工	5.7	8.2
农副食品加工业	5.9	6.8
食品制造业	6.7	9.1
酒、饮料和精制茶制造业	7.3	9.1
皮革、毛皮、羽毛及其制品和制鞋业	4.7	4.6
家具制造业	5.6	9.8

续表

行　业	2018年1—12月	2017年1—12月
造纸及纸制品业	1.0	4.2
印刷和记录媒介复制业	6.6	10.0
文教、工美、体育和娱乐用品制造业	7.8	9.1
橡胶和塑料制品业	3.2	6.3
纺织	2.9	4.8
纺织业	1.0	4.0
纺织服装服饰业	4.4	5.8
化学纤维制造业	7.6	5.8
医药	10.1	12.1
医药制造业	9.7	12.4

数据来源：国家统计局，2018年12月。

二、外贸形势仍然严峻，出口增速低位徘徊

1—12月，消费品工业实现出口交货值34622.2亿元，同比增长8.6%，略高于工业平均水平0.1个百分点。其中，以服装、玩具、箱包、家具等劳动密集型产品为代表的轻工、纺织工业出口增速明显放缓，分别由上年同期的7.0%、2.3%下滑至5.5%和1.5%。而随着创新驱动战略的深入推进，医药工业产品科技含量和附加值不断提高，出口结构持续优化升级，出口交货值增速逆势上扬，达到11.3%（见表2-2）。

表2-2　2017—2018年1—12月主要消费品行业出口交货值增速及比较（%）

行　业	2018年1—12月	2017年1—12月
工业	8.5	10.7
轻工	5.5	7.0
农副食品加工业	3.6	6.9
食品制造业	8.0	7.0
酒、饮料和精制茶制造业	10.4	2.9
皮革、毛皮、羽毛及其制品和制鞋业	2.7	5.4
家具制造业	2.4	8.0
造纸及纸制品业	2.5	3.1

续表

行　业	2018年1—12月	2017年1—12月
印刷和记录媒介复制业	6.1	6.2
文教、工美、体育和娱乐用品制造业	2.5	4.2
橡胶和塑料制品业	6.6	8.7
纺织	1.5	2.3
纺织业	3.3	3.4
纺织服装服饰业	-0.9	-0.4
化学纤维制造业	8.1	20.5
医药	11.3	10.9
医药制造业	11.4	12.4

数据来源：国家统计局，2018年12月。

三、政策红利加速释放，内需略有回升

投资方面，1—12月，除家具制造业和化学纤维制造业外，其他11大类消费品子行业固定资产投资增速均低于制造业平均水平，其中农副食品加工业、酒饮料和精制茶制造业、纺织服装服饰业更是呈现零增长或负增长态势，这一方面体现出国家供给侧结构性改革的政策导向，也在一定程度上反映了企业家和民间资本对消费品工业投资的信心不足（见表2-3）。消费方面，1—12月，社会消费品零售总额累计达到380986.9亿元，同比增长9.0%，增速较之上年同期下降1.2个百分点，国内消费需求呈疲软态势。其中，鞋帽、纺织品、体育、娱乐用品、家电、文化办公类商品消费需求增长速度低于平均水平（见图2-1）。

表2-3　2017—2018年1—12月主要消费品行业固定资产投资增速及比较（%）

行　业	2018年1—12月	2017年1—12月
制造业	9.5	4.8
农副食品加工业	0.0	3.6
食品制造业	3.8	1.7
酒、饮料和精制茶制造业	-6.8	-5.9
皮革、毛皮、羽毛及其制品和制鞋业	3.1	4.2

续表

行　业	2018年1—12月	2017年1—12月
家具制造业	23.2	23.1
造纸及纸制品业	5.1	1.2
印刷和记录媒介复制业	7.2	-0.7
文教、工美、体育和娱乐用品制造业	8.1	8.4
橡胶和塑料制品业	5.4	1.2
纺织业	5.1	5.9
纺织服装服饰业	-1.5	7.0
化学纤维制造业	29.0	20.0
医药制造业	4.0	-3.0

数据来源：国家统计局，2018年12月。

图2-1　2017年12月—2018年12月全社会消费品零售总额及增速

（数据来源：国家统计局，2018年12月）

第二节　存在问题

一、"新常态"下转型阵痛持续，行业发展不容乐观

以供给侧结构性改革为核心的结构调整和产业转型升级仍是主线，由此带来的挑战不可避免。

其一，中小企业生产经营仍较困难。部分中小企业产品和市场竞争力不强，生产经营压力和成本负担依然较大，中小企业资金短缺、融资难、贷款难等问题仍较为突出。

其二，企业节能减排和环境保护压力持续加大。国家关于淘汰落后产能、分类化解过剩产能力度持续加大，消费品工业领域部分传统产能面临萎缩，新增产能受到能（水）耗、排放标准不断提高及资金、技术、原材料供给等因素的影响，产业规模扩张受到制约。

其三，行业亏损严重。2018年，消费品工业整体和细分行业的亏损面和亏损深度均较严重，较上年同期有所扩大，且家电和化纤行业亏损面高于工业平均水平。在人力成本、融资、节能减排、社会福利等综合成本上升的背景下，加之外部环境不确定性有所增加，中美贸易摩擦等因素，贸易环境复杂变化，2019年行业亏损面或将进一步扩大（见表2-4）。

表2-4 2017—2018年1—12月主要消费品行业亏损情况及比较

行业名称	亏损面 2018年	亏损面 2017年	变化	亏损深度 2018年	亏损深度 2017年	变化
工业	15.1%	11.8%	3.3%	12.0%	9.1%	2.9%
轻工	13.8%	10.2%	3.6%	8.5%	4.6%	3.9%
农副食品加工业	13.7%	9.2%	4.5%	11.5%	5.2%	6.3%
食品制造业	13.7%	9.7%	4.0%	9.4%	4.6%	4.8%
酒、饮料和精制茶制造业	13.0%	9.4%	3.6%	4.0%	3.9%	0.1%
皮革、毛皮、羽毛及其制品和制鞋业	11.6%	9.1%	2.5%	5.6%	3.1%	2.5%
家具制造业	12.5%	10.1%	2.4%	7.7%	4.0%	3.7%
造纸及纸制品业	15.6%	10.1%	5.5%	10.5%	4.0%	6.5%
印刷业和记录媒介的复制	13.6%	10.9%	2.7%	7.8%	4.8%	3.0%
文教、工美、体育和娱乐用品制造业	12.5%	8.6%	3.9%	7.2%	3.3%	3.9%
塑料制品业	14.4%	11.2%	3.2%	11.3%	5.9%	5.4%
家用电力器具制造	16.0%	14.0%	2.0%	2.6%	2.8%	−0.2%
纺织	14.8%	11.0%	3.8%	7.9%	4.5%	3.4%
纺织业	14.9%	10.6%	4.3%	8.7%	4.6%	4.1%
纺织服装服饰业	14.2%	11.3%	2.9%	6.1%	4.2%	1.9%
化学纤维制造业	18.2%	13.0%	5.2%	9.9%	5.3%	4.6%
医药	14.2%	10.6%	3.6%	4.8%	2.6%	2.2%
医药制造业	14.4%	10.5%	3.9%	4.8%	2.4%	2.4%

数据来源：国家统计局，2018年12月。

二、优质产品和服务供给不足，中高端购买力外流

目前，我国消费品的整体供给量虽然跃居世界第一，但中高端优质产品和服务的有效供给水平不高。

其一，高品质、高附加值的名、精、特商品供给不足，无法满足居民对高品质商品的追求，消费外流现象严重。近年，我国跨境电商整体交易规模和海淘用户规模持续攀升，而消费者选择海淘的首要驱动力是质量更优的国外产品。

其二，低端市场广泛存在，导致低水平供给，信用体系不健全，假冒伪劣、虚假宣传、商业欺诈等现象存在，质量安全和消费环境有待提升。

其三，我国医疗、教育、文化娱乐等服务业的有效供应和竞争力不足，境外求医、境外求学、境外旅游娱乐已较为普遍，使得我国服务贸易逆差迅速增长。

三、研发创新动力不足，知识产权问题突出

我国部分消费品工业领域企业技术水平相对落后，研发投入明显不足，对新技术、新工艺、新装备的开发应用能力薄弱，一些企业知识产权保护意识不强，承受创新风险的能力有待提高。

其一，中低端产品同质化严重，产品创新不足，关键技术自主创新率低，一些关键领域对外技术依赖度高。以制笔行业为例，我国共有制笔企业3000余家，年产量近400亿支，但核心技术和材料（球珠）却高度依赖进口，不同企业的产品在质量和性能设计上大同小异，假冒伪劣产品长期存在。

其二，重点消费品工业领域研发创新体系不完善，医药、食品、家电、服务等行业创新中心较为缺乏，产学研合作效果欠佳，尚未形成完善的新药研发、健康食品开发、智能家电制造等领域的创新链和创新体系。

其三，部分企业知识产权保护力度不足，投入大量资金、精力研发的新产品投入市场后，很快被其他企业跟进和模仿，影响企业市场收益，给企业造成巨大损失。

第三节　对策建议

一、加大产业转型升级政策支持力度

一是发挥政府引导作用，创新中小企业贷款融资政策，加快推进国家知识产权质押贷款风险补偿机制，切实解决中小企业融资难、融资贵问题。

二是持续深入推进造纸、制革、印染、化纤、铅蓄电池等环境敏感型企业节能减排改造和淘汰落后产能工作，支持和引导节能减排和清洁生产，大力推进企业兼并重组，提高行业集中度。

三是继续推进供给侧结构性改革，去产能、去库存、去杠杆，不断提振内需，鼓励发展新兴产业来促进产业结构升级。

四是持续强化与周边国家间自贸区建设，发展与欧盟、加拿大、墨西哥等国的多边贸易关系，结合我国消费品工业发展现状，制定科学合理的贸易规则，减少贸易摩擦，扩大进出口贸易。

二、推进产品和服务高质量发展

一是加大对中高端制造业企业科技创新的扶持，鼓励研发生产具有功能性和高附加值的多元化产品，并通过减税降费，降低中高端制造业企业生产成本，提升产品的品质和价格优势。

二是引导国内制造企业参照国际先进标准组织生产，大幅度提升中高端产品占比，推动内销与出口产品"同线同标同质"。

三是推进社会信用体系建设，加快建立多部门社会信用信息共享平台，健全"违规企业黑名单"制度，严惩失信的生产经营者，倒逼国内生产经营者提升产品和服务质量，健全产品召回、退市及应急处理制度，营造良性发展的市场环境。

三、实施创新驱动战略、培育发展新动能

一是加快推进创新中心建设。推进医药高端制剂与绿色制药创新中心建设，推动食品安全创新中心建设，支持家电、服装等行业智能制造创新战略联盟发展。

二是加快医药及医疗器械、健康食品、智能家电等领域的关键技术创新与产业化。加强原研药、首仿药、中药、新型制剂、高端医疗器械等重点领域的技术创新；推进食品物性修饰技术、食品生物技术、新型食品制造技术等前沿技术及食品制造、质量安全、营养健康等关键技术的开发和应用。

三是探索商业模式创新。引导消费品工业领域企业探索基于互联网的个性化定制、众包设计等商业模式的创新。支持企业通过互联网获取大数据，加快重点消费品行业生产模式向定制化、精准化方向转型。

四、强化知识产权保护、提升品牌竞争力

一是加大对企业品牌和商标的保护力度，完善跨部门、跨区域联合执法机制和建立快速维权机制，依法严厉打击伪造、变造或未经许可的使用企业品牌和商标等侵权违法行为，及时保护企业权益。

二是提高知识产权维权援助工作水平，有效降低知识产权维权成本。

三是引导企业贯彻知识产权管理规范、体系，鼓励企业组建知识产权保护联盟和海外维权联盟，不断提高我国消费品工业领域企业以知识产权为核心的品牌保护水平。

四是鼓励企业围绕关键核心技术进行专利布局，充分运用知识产权运营和知识产权金融等促进手段，进一步挖掘和提升知识产权核心价值，巩固和提高我国消费品工业领域产品品牌竞争力。

行业篇

第三章

纺织工业

第一节　发展情况

一、运行情况

（一）生产缓中有进

2018 年，纺织工业生产增速明显下滑，同比增长 2.9%，仅为上年同期水平的 60.4%。以面纺、毛纺、丝绢纺织业为代表的纺织业生产增速下滑尤为明显，增幅仅为上年同期水平的 25%。其他行业的生产均保持增长态势，特别是服饰、化纤、产业用纺织品等行业增加值增速达到 7%以上，纺机行业增加值增速更是达到9.5%以上（见表3-1）。

表 3-1　2018 年纺织工业增加值增速与上年之比

行　业	1—3 月	1—6 月	1—9 月	1—12 月
工业	100.0%	97.1%	95.5%	93.9%
纺织工业	70.6%	52.8%	55.8%	60.4%
其中：纺织业	48.8%	24.4%	20.9%	25.0%
纺织服装服饰业	96.8%	66.2%	71.9%	75.9%
化学纤维制造业	51.7%	178.4%	154.7%	131.0%

注：2017 年、2018 年均为正增长

数据来源：国家统计局，2019 年 1 月。

（二）出口持续回暖

2018 年，全国纺织品服装出口 2767.3 亿美元，同比增长 3.7%，较之上年

同期提高 2.2 个百分点。其中，纺织品出口 1191 亿美元，服装出口 1576.3 亿美元，同比分别增长 8.1%和 0.3%，增速较之上年同期均有所提高。国际市场方面，对欧盟、美国、日本等传统市场的出口同比增长 1.5%、8%和 2.7%；对"一带一路"沿线市场出口同比增长 5.3%，连续三年保持增长（见图 3-1）。

图 3-1　2018 年纺织工业出口增速变化趋势

（数据来源：国家统计局，2019 年 1 月）

（三）投资稳中有增

2018 年，纺织工业完成固定资产投资 13908.2 亿元，同比增长 5%，增幅较之上年同期略下滑 0.2 个百分点。纺织工业固定资产投资占工业全部投资的比重为 6.6%，较之上年同期略降 0.2 个百分点。分行业看，化学纤维制造业固定资产投资额同比增长 29%，高出上年同期 9 个百分点，较之纺织工业平均水平高出 24 个百分点。纺织业固定资产投资水平持续低位运行，同比增长 5.1%。纺织服装服饰业固定资产投资额同比减少 1.5%，但月降幅逐渐收窄（见图 3-2）。

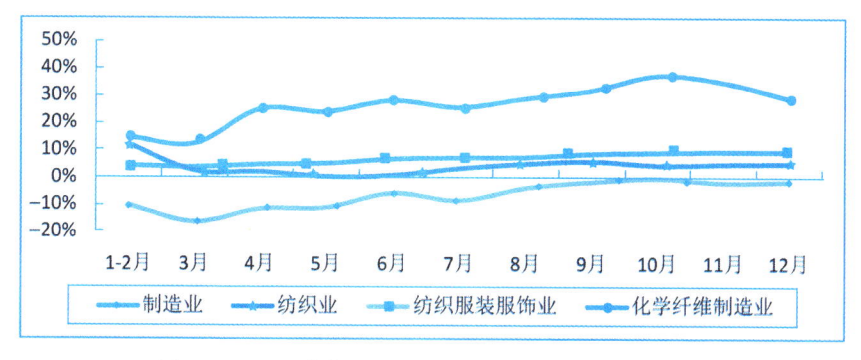

图 3-2　2018 年纺织工业固定资产投资额累计增长率

（数据来源：国家统计局，2019 年 1 月）

（四）内贸稳定增长

2018年，纺织业内需市场增长加快，限额以上服装鞋帽、针纺织品类实现零售额13706.5亿元，同比增长8%，增速较之上年同期提高0.2个百分点。其中，服装类商品零售额9870.4亿元，同比增长8.5%，增速较之上年同期增长0.5个百分点。网络销售渠道保持快速增长，全国网上穿着类商品零售额同比增长22%，增速较之上年同期提高1.7个百分点（见图3-3）。

图3-3　2018年限额以上服装鞋帽、针纺织品类商品零售额及增速

（数据来源：国家统计局，2019年1月）

二、效益情况

（一）盈利能力稳步提升

2018年，规模以上纺织企业（含纺织机械）累计实现主营业务收入53250.1亿元，同比增长2.9%，增速较之上年同期放缓1.3个百分点；实现利润总额2734.3亿元，同比增长8%，增速较之上年同期增长1.1个百分点；企业销售利润率为5.1%，较之上年同期提高0.2个百分点，行业盈利水平有所提升。分行业看，纺织服装服饰业的收入、利润及销售利润率分别增长4.1%、10.8%、5.9%，成为纺织行业效益增长的重要支撑（见表3-2）。

表 3-2　2018 年纺织工业效益指标与上年比较

行　业	收入增速 2017 年	收入增速 2018 年	利润增速 2017 年	利润增速 2018 年	销售利润率 2017 年	销售利润率 2018 年
纺织工业	4.2%	2.9%	6.9%	8.0%	4.9%	5.1%
其中：纺织业	3.7%	-0.5%	3.6%	5.3%	5.2%	4.6%
纺织服装服饰业	1.1%	4.1%	2.9%	10.8%	5.8%	5.9%
化学纤维制造业	15.7%	12.4%	38.3%	10.3%	5.6%	4.9%
纺织专用设备制造	9.4%	8.8%	23.1%	5.1%	7.3%	7.5%

数据来源：国家统计局，2019 年 1 月。

（二）亏损情况进一步恶化

2018 年，受产业发展大环境影响，纺织工业亏损面和亏损深度持续扩大，分别达到 14.7% 和 7.8%，较之上年同期扩大 3.7 和 3.3 个百分点，但整体仍好于工业平均水平。其中，化学纤维制造业亏损程度最为严重，亏损面和亏损深度分别达到 18.2% 和 9.9%。从细分行业看，生物基材料制造、毛纺织及染整精加工两个行业亏损深度达到 20% 以上，行业发展形势严峻（见表 3-3）。

表 3-3　2018 年纺织工业亏损情况与上年比较

行　业	亏损面 2017 年	亏损面 2018 年	亏损深度 2017 年	亏损深度 2018 年
工　业	11.8%	15.1%	9.1%	12%
纺织工业	11.0%	14.7%	4.5%	7.8%
其中：纺织业	10.6%	14.9%	4.6%	8.7%
纺织服装服饰业	11.3%	14.2%	4.2%	6.1%
化学纤维制造业	13.0%	18.2%	5.3%	9.9%
纺织专用设备制造	11.4%	13.4%	4.1%	5.0%

数据来源：国家统计局，2019 年 1 月。

三、重点领域情况

（一）服装行业

生产方面，2018 年服装行业规模以上企业完成产量 222.7 亿件，同比下降 3.4%，降幅较之上年同期缩小 0.8 个百分点，各子行业生产增速也有不同程度下滑。工业增加值低速增长，增速较之上年同期放缓 1.4 个百分点（见表 3-4）。

表 3-4 2018 年服装产业产量及增速

名称	单位	产量	同比增速
服装	万件	2227421	-3.4%
梭织服装	万件	1115744	-3.1%
其中：羽绒服装	万件	19199	-5.4%
西服套装	万件	30009	-2.4%
衬衫	万件	57340	-8.2%
针织服装	万件	1111676	-3.6%

数据来源：国家统计局，2019 年 1 月。

出口方面，2018 年 6 月份开始服装行业出口额止跌回升，但 11 月、12 月单月出口再次下跌，拉低全年服装出口增速，仅略增长 0.3 个百分点。从出口区域看，对美国、日本等传统市场出口恢复性增长，对越南、缅甸、菲律宾等"一带一路"沿线地区出口高速增长。

投资方面，受国内成本上涨、竞争压力加大等不利因素的影响，企业对内加大对供应链优化、品牌设计、研发创新等软实力的投资，对外加大对海外产业的投资力度，行业投资降幅有所收窄。

质效方面，2018 年服装产业运行质量平稳，效益增速明显提高。全年 14827 家规模以上服装企业共实现主营业务收入 17106.6 亿元，同比增长 4.1%；实现利润总额 1006.6 亿元，同比增长 10.8%；销售利润率 5.9%，较之 2017 年增加 0.4 个百分点。

（二）产业用纺织品行业

生产方面，2018 年产业用纺织品行业工业增加值同比增长 8.6%，增速高出制造业平均水平，居纺织行业之首。其中，1—11 月份非织造布产量 351.8 万吨，同比增长 9.7%，增速较之上年同期增加 9 个百分点。

出口方面，2018 年产业用纺织品行业完成出口交货值 510.5 亿元，同比增长 5%，增速较之上年同期下滑 6.7 个百分点。其中，1—11 月出口非织造布 83.2 万吨、25.8 亿美元，同比分别增长 2.5%和 8.7%，出口价格也提高 6%。从出口区域看，对美国出口略有上升，对日本出口则大幅下降 12.5%。

质效方面，2018 年，产业用纺织品行业实现主营业务收入 2419.9 亿元，利润总额 130.4 亿元，同比分别增长 6.7%、5.5%，较之上年同期分别增长 1.5

个、9.4 个百分点。由于原材料价格波动导致成本上升，而产业竞争激烈又导致产品价格难以随成本同步上涨，故行业销售利润率由 2017 年的 5.7% 下滑至 2018 年的 5.4%，行业盈利水平有所下降。

第二节　存在问题

一、贸易环境不确定性增强

2018 年，中美贸易摩擦磋商进展曲折，短期内难以彻底解决，虽暂缓提高关税的日期，但就知识产权保护、强迫性技术转移等问题仍未达成有效协议，中美经贸关系能否维持平稳存在风险。而受美国贸易保护主义影响，全球经济增长趋缓。2018 年 10 月，IMF 将 2019 年全球经济增速预测值下调 0.2 个百分点，对各经济体的增长预期也不甚乐观。故此，纺织工业出口能否平稳运行面临一定挑战，国际地位、投资布局结构等也受到负面影响。

二、环保压力日趋常态化

2018 年，《环境保护税法》、新版《水污染防治法》《排污许可管理办法（试行）》等环保政策相继出台和实行，化纤、印染等纺织行业面临的环保形势更趋严峻，企业运营受到负面影响。一方面，企业环保投入成本增加。以环保税为例，年产值 5000 万元的中型企业每年需增加 30-70 万元的成本。另一方面，原料价格上涨和下游需求不足的双重压力导致企业生存艰难。以化纤行业为例，由于烧碱、硫酸等化工品生产企业不定时停产、限产、关停，严重影响了粘胶短纤的辅助化工原料供应，产品生产成本剧增。而下游喷水织造、印染等产业的限产则导致化纤出口渠道受阻，产品价格无法跟上成本的增长，企业利润空间受到挤压。

三、区域竞争日趋激烈

近年来，越南、孟加拉国等东南亚国家凭借不断完善的产业链及仅为我国一半的劳动力成本优势，吸引越来越多欧美纺织订单。加之，东南亚国家外贸环境相对宽松，出口欧美国家关税优惠力度大于中国。例如，2018 年生效的越南与欧美自由贸易协定规定，两个经济体之间 99% 的货物关税将取消，越南对欧出口进入"零关税"时代。而受中美贸易摩擦影响，美国对来自中国 917 项纺织相关产品征收 10% 的关税。进入 2019 年，我国与东南亚国家之间的成本差异、政策差异仍将持续，产业竞争力流失的大趋势不会改变。

第四章

生物医药及高性能医疗器械行业

第一节 发展情况

一、生产情况

(一)工业增加值增速领先全工业领域,增速继续保持两位数

2018 年,与全工业个位数增速相比,医药工业增速继续保持两位数。1—12 月,全工业增加值增速在 6.2%~7.2%区间浮动,相比于 2017 年增速出现小幅度回落。2018 年 1—12 月,医药行业工业增加值增速在 9.7%~12.3%区间浮动,全年各月工业增加值均维持在 10.0%左右增长,增速相比 2017 年出现小幅回落。2018 年 1—12 月,全国规模以上工业增加值同比增长 6.2%,增速同比下降 0.4 个百分点,经济增速趋于稳定。2018 年 1—12 月,医药工业增加值同比增长 10.1%,增速同比下降 2 个百分点,比工业增速平均水平高 3.9 个百分点,行业发展势头良好,增加值增速仅次于电子行业和专用设备制造业,在各工业门类中排名前列(见表 4-1)。2011—2018 年,医药行业工业增加值占全工业比重由 2.3%上升到 3.3%,增加 1 个百分点,反映出医药工业对工业经济增长的贡献进一步扩大(见图 4-1)。

表 4-1 2017—2018 年 1—12 月工业和医药行业增加值增速比较

时间	工业		医药行业	
	2017	2018	2017	2018
1—12 月	6.6%	6.2%	12.1%	10.1%

数据来源:国家统计局,2019 年 2 月。

图 4-1 2011—2018 年医药行业工业增加值占全国比重

（数据来源：国家统计局，2019 年 2 月）

（二）产能利用率高于全工业平均水平，指标向合理空间迈进

2018 年 1—12 月，医药行业产能利用率高于全工业平均水平，但仍未达到合理空间。2016—2018 年，全工业产能利用率在 75.0% 左右徘徊，产能过剩现象依旧未改观，医药行业产能利用率逐步向合理空间挺进[①]。2017 年，医药行业产能利用率达到了 79.1%，说明医药行业迈入供需基本平衡阶段。2018 年，医药行业产能利用率为 77.6%，相比 2017 年出现小幅回落，但相比全工业平均水平依旧高 1.1 个百分点，淘汰落后产能任务仍严峻（见图 4-2）。

（三）出口交货值继续保持高速增长，出口结构明显改善

2018 年 1—12 月，医药工业规模以上企业实现出口交货值 2205.5 亿元，同比增长 11.3%，相比 2017 年的增速上升 0.4 个百分点。根据海关进出口数据，2018 年，我国医药保健品出口 644.22 亿美元，增长 5.96%，继续保持较高的增速。尤其值得一提的是，我国化药出口结构优化，制剂类产品出口占比增加。2018 年，我国化药类产品出口 368.83 亿美元，增长 4.03%。其中，原料药出口

---

① 按国际通行标准，产能利用率超过 90% 为产能不足，79%～90% 为正常水平，低于 79% 为产能过剩。

300.48 亿美元，同比增长 3.20%，受制于外需疲软，对美国、欧盟、印度等主要市场增速有所放缓。制剂出口 41.00 亿美元，同比增长 18.64%，主要表现在规范市场增长强劲，欧盟、澳大利亚、美国位居规范市场三甲，尤其是欧盟市场，近两年，出口至欧盟市场的制剂增长迅猛，2017 年增幅 53.51%，2018 年增幅再创新高，达到 80.30%。从细分行业分析，化药原料药制造、医疗仪器设备及器械制造和**化学药品制剂**制造三大子行业出口交货值遥遥领先，对医药行业出口贡献最大。从增速来看，**化学药品制剂**出口交货值相比上年同期增长最快，达到 31.6%，这说明我国医药企业自身实力不断提高，逐渐从仿创向创仿和自主创新过渡，产品出口结构不断优化（见表 4-1）。

图 4-2 2015—2018 年全工业及医药工业产能利用率

（数据来源：国家统计局，2019 年 2 月）

表 4-1 2018 年 1—12 月医药行业及主要子行业出口交货值情况

行业名称	出口交货值（亿元）	比上年同期增长
医药行业	2205.5	11.3%
化学药品原料药制造	680.6	9.8%
化学药品制剂制造	250.6	31.6%
中药饮片加工	36.9	8.1%
中成药生产	42.1	-1.2%
生物药品制造	216.8	2.6%

续表

行业名称	出口交货值（亿元）	比上年同期增长
卫生材料及医药用品制造	170.7	7.2%
药用辅料及包装材料	30.5	14.9%
医疗仪器设备及器械制造	746.1	11.1%

数据来源：国家统计局，2019年2月。

二、效益情况

（一）主营业务收入保持两位数增长，利润总额增速低于主营业务收入增速

2018年1—12月，医药工业规模以上企业实现主营业务收入26508.7亿元，同比增长12.4%，高于全国工业增速3.9个百分点，增速较上年降低0.1个百分点，仍保持两位数增长。

2018年1—12月，除中成药制造和药用辅料及包装材料外，其他子行业均实现两位数增速，**化学药品制剂制造**表现最为突出，主营业务收入增速达到了19.3%。八个子行业中，主营业务收入最多的是化学药品制剂制造，其次为中成药生产，**药用辅料及包装材料**最少。增速方面，化学药品制剂制造、卫生材料及医药用品制造和生物药品制造三个细分行业增速最快（见表4-2）。

表4-2　2018年1—12月医药行业及主要子行业主营业务收入情况

行业	主营业务收入(亿元)	同比	比重	2017年增速
医药行业	26508.7	12.4%	100%	12.5%
化学药品原料药制造	3843.3	10.4%	14.5%	14.7%
化学药品制剂制造	8715.4	19.3%	32.9%	12.9%
中药饮片加工	1714.9	11.2%	6.5%	16.7%
中成药制造	4655.2	6.1%	17.6%	8.4%
生物药品制造	2443.0	11.4%	9.2%	11.8%
卫生材料及医药用品制造	1582.8	12.7%	6.0%	13.5%
药用辅料及包装材料	201.9	4.5%	0.8%	—
医疗仪器设备及器械制造	2838.2	10.1%	10.7%	10.7%

数据来源：国家统计局，2019年2月。

2018年1—12月，医药行业规模以上企业实现利润总额3443.1亿元，同比

增长10.8%，高于全国工业利润增速0.5个百分点，利润率为13.0%，高于全国工业利润率6.5个百分点，与上年同期相比，利润率提高1.2个百分点。同时，利润总额增速低于主营业务收入增速，说明医药行业盈利水平降低。细分行业中，化学药品制剂制造和**中成药制造**表现突出，**药用辅料及包装材料**利润总额最小。利润增速方面，**医疗仪器设备及器械制造**表现最为突出，增速达到24.0%（见表4-3）。

表4-3 2018年医药工业利润总额和利润率完成情况

行业	利润总额(亿元)	同比	利润率	2017年利润率
医药行业	3443.1	10.8%	13.0%	11.8%
化学药品原料药制造	407.7	15.4%	10.6%	8.7%
化学药品制剂制造	1195.0	8.7%	13.7%	14.0%
中药饮片加工	139.1	15.4%	8.1%	7.1%
中成药制造	641.0	3.8%	13.8%	12.3%
生物药品制造	445.4	13.0%	18.2%	15.1%
卫生材料及医药用品制造	163.6	17.2%	10.3%	9.4%
药用辅料及包装材料	19.5	13.0%	9.5%	—
医疗仪器设备及器械制造	371.9	24.0%	13.1%	11.5%

数据来源：国家统计局，2019年2月。

（二）资产负债率继续呈现微升态势，长期偿债风险较低

2018年1—12月，医药工业总资产增长速度慢于总负债增长速度，资产负债率为41.8%，相比2017年的40.4%呈现上升态势，属于典型的轻负债行业。2018年1—12月，医药工业资产同比增长11.3%；同期，医药行业负债同比增长13.0%。横向比较，作为轻资产及固定资产通用性较高的产业，医药行业杠杆率普遍偏低，债务负担较轻，近年来资产负债率低于45%，而家电、钢铁、有色金属等行业的资产负债率普遍大于50%。从细分行业看，2018年，中药饮片加工行业资产负债率最高，达到50.1%，说明中药饮片行业负债较多，长期偿债风险最高，生物药品制品制造的资产负债率在各细分行业中最低，仅为35.3%，长期偿债能力较强。其他细分行业资产负债率均匀分布于40.0%上下，远远低于煤电、钢铁、有色金属等行业（见表4-4）。

表 4-4 2018 年 1—12 月医药工业资产负债情况

时间	资产同比增长	负债同比增长
1—2 月	11.9%	11.0%
1—3 月	11.8%	10.5%
1—4 月	12.1%	11.7%
1—5 月	11.5%	11.0%
1—6 月	11.5%	10.7%
1—7 月	11.7%	11.8%
1—8 月	12.5%	12.8%
1—9 月	12.2%	14.0%
1—10 月	11.2%	12.2%
1—11 月	11.5%	12.7%
1—12 月	11.3%	13.0%

数据来源：国家统计局，2019 年 2 月。

（三）亏损面和亏损深度双增大，行业盈利能力降低

2018 年 1—12 月，医药工业亏损面和亏损深度相比 2017 年均有增大，行业盈利能力降低。2018 年，医药工业企业数为 9151 家，其中亏损企业数 1304 家，亏损面为 14.2%，相比 2017 年的 10.5% 提高 3.7 个百分点。亏损企业累计亏损额为 164.1 亿元，亏损深度为 4.8%，相比 2017 年的 2.4% 提高了 2.4 个百分点。从细分子行业看，亏损面方面，化学原料药和中成药行业亏损面最大，均为 16.8%，高于医药制造业 2.6 个百分点，中药饮片和卫生材料及医药用品行业亏损面较小，分别为 10.7% 和 11.2%，分别低于医药工业 3.5 和 3 个百分点。亏损深度方面，生物药品亏损深度最高为 8.8%，其次为化学原料药和中药饮片，均为最 8.0%，亏损深度最低的为卫生材料及医药用品行业，为 1.7%。

综合来看，医药行业盈利能力降低由多方面的原因导致。上游成本方面，药品注册标准提高、一致性评价、临床试验成本提高、国际注册等增加了企业研发支出，环保税法、空气、水、土壤污染防治标准提高和监管加强带来环保成本的增加，融资成本、两票制、营改增增加了合规成本，原料药、中间体、中药材短缺导致原料成本增加，人口红利的消失和海外人才的引进增加了人力成本。下游需求方面，医保控费、零差率、降低药占比带来药品终端需求减少，提高基本药物使用比率、限制抗菌药物和辅助药物使用等导致高价药需求减少，价格谈判、"一品双规"和二次议价带来药品价格降低（见表 4-5）。

表 4-5　2018 年 1—12 月医药工业及主要子行业亏损情况

行业	亏损面	亏损深度
医药制造业	14.2%	4.8%
化学原料药	16.8%	8.0%
化学制剂	14.6%	2.9%
中药饮片	10.7%	8.0%
中成药	16.8%	3.3%
生物药品	15.1%	8.8%
卫生材料及医药用品	11.2%	1.7%
药用辅料及包装材料	12.7%	2.6%
医疗器械	13.0%	4.7%

数据来源：国家统计局，2019 年 2 月。

三、重点领域情况

（一）化学制药行业仍为贡献最大的细分行业

2018 年，化学制药行业主营业务收入占整个医药行业的 47.4%，相比 2017 年的 47.3% 提高了 0.1 个百分点，依旧成为医药行业贡献最大的细分行业。2018 年 1—12 月，化学原料药制造利润增速大于收入增速，盈利能力增加，化学制剂行业利润增速小于收入增速，盈利能力降低。从主营业务收入看，2018 年 1—12 月化学药品原料药制造业实现主营业务收入 3843.3 亿元，同比增长 10.4%，增速较上年同期降低 4.3 个百分点；化学药品制剂制造业实现主营业务收入 8715.4 亿元，同比增长 19.3%，增速较上年同期上升 6.4 个百分点。从行业利润看，2018 年 1—12 月化学药品原药制造业实现利润总额 407.7 亿元，同比增长 15.4%，增速较上年同期上升 1.7 个百分点；化学药品制剂制造业实现利润总额 1195.0 亿元，同比增长 8.7%，增速较上年同期下降 13.4 个百分点。

（二）中成药制造业发展速度放缓

2018 年 1—12 月，中成药制造业主营业务收入总额仅次于化学制药行业，但其增速比其他细分行业表现平平，成为除**药用辅料及包装材料**外全部细分行业增速最慢的子行业，增速比 2017 年也出现下滑。利润方面，增速比 2017 年出现大幅下降。2018 年 1—12 月，医药行业主营业务收入增速为 12.4%，中成药制造增速仅为 6.1%，成为影响全行业增速的重点子行业，与 2017 年 8.4% 的增速相比，下降 2.3 个百分点，发展形势严峻。利润方面，2018 年 1—12 月，医药行业利润增速为 10.8%，中成药制造业利润增速仅为 3.8%，比 2017 年的 10.0%下降了 6.2 个百分点，盈利能力下降。

"十三五"以来，中药行业主营业务收入增速始终保持在 6%～8%，低于医药工业平均增速，相比"十二五"期间增速明显放缓，突出问题表现在如下三个方面。

一是中药企业研发投入积极性不高。2015—2017 年，中药新药批准生产数量分别为 7 个、3 个、1 个，新药申报撤回率高，新药申报方面与热情高涨的化药和生物药形成巨大反差。

二是中药注射剂政策影响大。政策对终端使用的限制带来中药注射剂市场需求减少，中药注射剂再评价等即将出台的政策增加了行业发展的不确定性。

三是中药行业不再受资本市场青睐。近两年，随着国家政策大力扶持，生物药行业发展好于预期，资本市场投资重心由中药转向生物药。

（三）生物药品制造业保持高盈利水平发展

近两年，受益于国家政策影响及国家对战略性新兴产业和高新技术行业的支持，生物药品制造业收入和利润持续保持高速发展，尤其是利润方面，增速高于全行业平均水平。2018 年，生物药品制造业收入和利润增速相比 2017 年均出现小幅度下降，但增速依旧处于高位水平。2018 年 1—12 月，主营业务收入方面，医药行业增速为 12.4%，生物药品制造业增速为 11.4%，相比 2017 年的 11.8%下降 0.4 个百分点。利润方面，2018 年 1—12 月，医药行业增速为 10.8%，生物药品制造业增速为 13.0%，相比 2017 年的 26.8%下降了 13.8 个百分点，虽然增速相比上年下降，但盈利能力仍高于医药行业平均水平。未来几年，随着国家对生物制药行业的政策支持，资本市场对生物药品制造业的青睐，该细分行业将成医药行业发展势头最猛的细分行业。

（四）医疗器械行业稳步发展

"十三五"以来，受国家政策和市场需求推动，医疗器械行业产业规模持续快速增长。2018 年，医疗器械行业增速维持两位数增长，利润增速大幅上升。2018 年，主营业务收入方面，医药行业增速为 12.4%，医疗器械行业增速为 10.1%，比医药行业整体增速低 2.3 个百分点，与 2017 年相比，增速低了 0.6 个百分点。利润方面，医药行业增速为 10.8%，医疗器械行业增速为 24.0%，比 2017 年提高了 17.2 个百分点，盈利能力大幅好转。

第二节 存在问题

一、创新发展环境有待完善

医药行业创新配套激励政策不足，创新发展环境有待完善。

一是国内临床研究资源紧张。医疗机构从事临床试验积极性不高导致我国临床资源紧张，目前全国共有 619 家医疗机构通过了原国家食药监总局临床试验备案，但真正具备临床试验经验并长期开展相关工作的医疗机构仅为 200 家左右，特别是在生物等效性及其临床方向，正式投入运营的医疗机构甚少。临床资源紧张延缓了创新药的上市时间，增加了企业成本。

二是创新药"进院难"现象普遍存在。一些恶性肿瘤、罕见病领域新药虽然进入医保目录，但由于终端政策影响，导致"进院难"问题普遍存在。

三是国产高端医疗器械推广不足。很多国产高端医疗器械性能综合评价都不错，也通过了相关部委的验收，得到了专家高度好评，但在医疗机构推广应用上阻力巨大，缺乏相应实质性的激励措施，不利于我国本土医疗器械企业的发展，也不利于降低我国整体医疗卫生支出。

四是科技成果有效转化不够充分。这主要是由于科研项目大部分由科研院所开展，科研院所缺乏转化科研成果，实现产业化的动力。科技成果转化体制机制不畅，科研成果本地转化率低，"最后一公里"问题亟待突破。

二、药品断供风险犹存

药品断供风险仍然存在。

首先，原料药价格不断上涨。目前，很多药品原料药由于垄断等因素导致价格不断上涨，还导致部分品种因此停产断供。

其次，环保标准提高限（停）产压力大。环保标准的提高会导致部分化学药生产企业限（停）产，部分药品将面临市场短缺问题。

最后，需求端政策的不确定性将进一步挤压部分处方药，尤其是儿童药、罕见病用药的利润空间和市场空间，导致部分药品生产企业无利可图而停产，市场短缺问题或将加剧。

三、仿制药一致性评价推进进度缓慢

"十三五"以来，我国仿制药一致性评价工作取得积极成效，但推进进度缓慢。造成仿制药一致性评价推进进度缓慢的主要原因有以下几点：

一是技术难度大。药品属于技术含量较高的产品，不同药品在生产工艺等

方面千差万别，需要投入大量的时间和精力开展研究，建立符合每个品种特点的体内或者体外评价方法。

二是参比制剂选择存在困难。能否获得质量稳定的原研药是仿制药一致性评价工作开展的必备条件。但事实上，有的原研药未在国内上市或已在国外撤市，有的原研药在各国产品配方工艺产品不一样，有的原研药自身质量不稳定。

三是各地配套政策存在差距。从全国范围看，除了西藏，其他30个省份都有品种开展。河南、上海、陕西、山东、江苏等14个省配套完备，开展一致性评价品种超过100个，开展的品种比例达到50%以上，部分省区配套政策不足，开展品种仅停留在个位数。

四是部分企业主动性不足。部分企业存在观望态度，开展仿制药一致性评价缺乏主动性。

五是开展仿制药一致性评价成本较高。目前，开展单品种仿制药一致性评价的价格约为600～1000万元，中小企业本身实力较弱，难以承受高昂的评价成本。对于大企业而言，由于涉及的品种有几十种甚至几百种，评价成本也较高。

四、行业集中度依旧不高

2017年，医药制造业企业共7697家，前100位企业主营业务收入占比为25.2%，较2015年提高2.3个百分点，行业集中度依旧不高。年销售收入过百亿的企业只有21家，销售收入不足亿元的企业占60%以上，企业多、小、散问题突出。而我们的邻国日本，前5家医药企业销售额占全行业的37.1%，前50家企业占全行业86.3%，其龙头企业在国际市场上具有较强竞争力。

五、出口交货值占比不理想

2018年，出口交货值占销售收入比重仅为8.3%，说明我国医药产品在国际市场上的竞争力不足。"十三五"以来，我国医药工业出口产品结构得到改善，但出口产品依然以大宗化学原料药和医药中间体为主，产品附加值低。制剂出口产品主要销往质量要求较低的国家和非规范市场，产品在美国、日本和欧洲等规范市场竞争力较弱。

第五章

食品工业

第一节 发展情况

一、运行情况

（一）生产增长较快

截至2018年年底，全国规模以上食品工业企业数量为40793家，工业增加值占全部工业的7.3%，农副食品加工业、食品制造业、酒饮料和精制茶行业分别占3.4%、1.9%、2.0%，其中，食品制造业、酒饮料和精制茶制造业工业增加值增速较快，分别为6.7%、7.3%，农副食品加工业增速为5.9%。

（二）投资增速持续回落

2018年，在食品工业三大子行业中，农副食品加工业固定资产投资增速同比持平，酒、饮料和精制茶制造业同比下降6.8%，继续维持投资增速回落态势；食品制造业固定资产投资增速为3.8%，高于2017年的1.7%，呈现一定程度的回暖态势（见表5-1）。

表5-1　2013—2018年全国食品工业子行业固定资产投资增速情况

行业名称	2013年	2014年	2015年	2016年	2017年	2018年
农副食品加工业	25.6%	15.6%	7.3%	9.5%	3.6%	0.0%
食品制造业	20.7%	22.0%	14.4%	14.5%	1.7%	3.8%
酒、饮料和精制茶制造业	30.4%	16.9%	4.4%	0.4%	-5.9%	-6.8%

数据来源：国家统计局，2019年1月。

（三）出口呈现增长态势

2018 年，我国规模以上食品工业实现出口交货值 3583.4 亿元，同比增长 5.3%，占全部工业的 2.9%。其中，酒、饮料和精制茶制造业增幅最大，为 10.4%，出口交货值为 236.8 亿元；农副食品加工业出口交货值最大，为 2312.0 亿元，同比增长 3.6%；食品制造业出口交货值 1034.6 亿元，同比增长 8.0%。在细分行业中，罐头食品制造业、饮料制造业出口交货值有所降低，其余行业均呈不同幅度增长，增幅在 2.2%至 44.8%之间，制糖、乳制品制造、谷物磨制、植物油制造、酒的制造等行业增幅较大，分别为 44.8%、34.1%、31.3%、27.5%、22.1%（见表5-2）。

表 5-2 2018 年全国食品工业出口交货值情况

行业名称	全年出口交货值（亿元）	同比增长率（％）
食品工业	3583.4	5.3
农副食品加工业	2312.0	3.6
谷物磨制	23.4	31.3
饲料加工	48.3	10.4
植物油加工	37.4	27.5
制糖业	3.1	44.8
屠宰及肉类加工	214.5	3.8
水产品加工	1195.1	2.2
蔬菜、菌类、水果和坚果加工	615.2	3.5
其他农副食品加工	174.9	4.6
食品制造业	1034.6	8.0
焙烤食品制造	38.0	5.0
糖果、巧克力及蜜饯制造	125.3	10.9
方便食品制造	66.2	6.6
乳制品制造	3.2	34.1
罐头食品制造	255.6	-0.3
调味品、发酵食品制造	174.6	15.8
其他食品制造	371.8	10.2
酒、饮料和精制茶制造业	236.8	10.4
酒的制造	97.6	22.1
饮料制造	61.1	-3.6
精制茶制造	78.1	9.7

数据来源：国家统计局，2019 年 1 月。

二、效益情况

（一）经济效益平稳增长

2018年，我国规模以上食品工业企业主营业务收入达80903.2亿元，同比增长5.3%（见表5-3），细分行业中，除植物油加工同比降低0.6%外，其余行业均呈不同幅度增长，增幅在2.3%至10.2%之间；利润总额5770.9亿元，同比增长10.8%；全年主营业务收入利润率为7.1%，同比提高0.3个百分点，比全部工业6.5%的主营收入利润率高出0.6个百分点，其中，酒饮料和精制茶制造业表现突出，主营业务收入利润率同比提高2.3个百分点；规模以上食品工业企业资产负债率为49.1%，同比降低0.2个百分点。

表5-3 2018年全国食品工业主要经济效益指标概况

行业名称	企业总数（家）	资产总计（亿元）	主营业务收入（亿元）	同比增长率(%)	利润总额（亿元）	同比增长率(%)
食品工业	40793	64139.2	80903.2	5.3	5770.9	10.8
农副食品加工业	25007	30808.6	47263.1	3.6	2124.4	4.5
食品制造业	8981	15641.9	18348.2	7.3	1552.2	6.1
酒、饮料和精制茶制造业	6805	17688.7	15291.9	8.7	2094.3	20.8

数据来源：国家统计局，2019年1月。

在62个小类行业中，44个行业的利润总额同比增长，18个行业同比降低。玉米加工、茶饮料及其他饮料制造、乳粉制造、白酒制造、方便面制造等行业的利润增长速度较快，增速分别为63.6%、47.3%、39.6%、30.0%和27.4%，31个行业的利润增速超过10%，16个行业的利润增速超过20%；酒精制造、制糖业利润降幅较大，分别为50.7%、49.9%，其他16个行业的降幅在0.3%~12.8%之间。

（二）亏损情况有所分化

2018年，规模以上食品工业累计亏损企业5533家，亏损面为13.6%。从子行业看，酒饮料和精制茶行业亏损面相对最小，为13.0%，农副食品加工业和食品制造业亏损面差别不大，均为13.7%。从亏损企业亏损总额来看，食品工业总计473.3亿元，同比增长24.4%，农副食品加工业占比达51.7%，贡献度最大；食品制造业的增速最快，为48.6%；酒饮料和精制茶行业亏损总额则有所降低，降幅为5.7%（见表5-4）。

表 5-4　2018 年全国食品工业及子行业负债和亏损企业亏损情况

行业名称	亏损企业数（家）	亏损面(%)	负债总计（亿元）	负债率（%）	亏损企业亏损总额（亿元）
食品工业	5533	13.6	31465.2	49.1	473.3
农副食品加工业	3416	13.7	16845.9	54.7	244.8
食品制造业	1234	13.7	7180.8	45.9	145.5
酒、饮料和精制茶制造业	883	13.0	7438.5	42.1	83.0

数据来源：国家统计局，2019 年 1 月。

三、重点领域或重点产品情况

（一）重点产品情况

受产业结构调整、居民消费升级、国际贸易局势不稳等因素影响，我国食品工业各子行业的产量呈现不同变化。2018 年，全国 19 种主要食品中，14 种食品的产量同比增长，5 种食品的产量同比下降，其中，成品糖、速冻米面食品、软饮料增幅较大，分别为 10.9%、7.2%、6.9%；冷冻饮品、葡萄酒产量降幅较大，分别为 16.1%、7.4%（见表 5-5）。

表 5-5　2018 年全国食品工业主要产品产量

序号	产品名称	全年产量（万吨，万千升）	同比增长（%）
1	小麦粉	8875.0	-0.8
2	大米	9784.4	4.1
3	精制食用植物油	5066.0	4.2
4	成品糖	1554.0	10.9
5	鲜、冷藏肉	2729.3	1.3
6	冷冻水产品	663.5	-0.3
7	糖果	288.3	5.9
8	速冻米面食品	310.2	7.2
9	方便面	699.5	4.2
10	乳制品	2687.1	4.4
	其中:液体乳	2505.6	4.3
	乳粉	96.8	-0.7
11	罐头	1028.0	-0.1

续表

序号	产品名称	全年产量（万吨，万千升）	同比增长（%）
12	酱油	575.7	4.3
13	冷冻饮品	239.5	−16.1
14	发酵酒精（折96度，商品量）	646.6	3.2
15	白酒(折65度，商品量)	871.2	3.1
16	啤酒	3812.2	0.5
17	葡萄酒	62.9	−7.4
18	软饮料	15679.2	6.9
	其中:碳酸饮料类(汽水)	1744.6	8.1
	包装饮用水类	8282.2	9.5
	果汁和蔬菜汁饮料类	1589.2	−2.5
19	精制茶	223.0	1.1

数据来源：国家统计局，2019年1月。

（二）重点领域情况

1. 肉类加工业生产稳步增长

随着我国人均收入和消费水平提高、城镇化建设不断推进，居民对肉类食品的需求持续上升，肉类加工业实现稳步增长。我国屠宰及肉类加工企业主要集中在华东和中南地区，地区之间发展速度差异较大，山东、河南、四川等省份是最主要产区，近年来，内蒙古、辽宁、吉林、福建等省份产量增速较快。"十三五"以来，我国肉类产品结构进一步适应消费需求的变化，市场供应充足，肉价趋于稳定，消费者对低脂肉制品、发酵肉制品等健康化、功能化、多元化产品需求上升，促使肉品开发逐渐向低盐、低脂、减少添加剂使用方向发展。从质量安全看，法制保障得到逐步加强，新《食品安全法》和一系列加强检疫检验的政策措施为产业转型升级提供更加有力的法制保障，产业发展环境得到显著改善，肉及肉制品抽检合格率稳步提升。此外，随着国家出台一系列支持冷链物流体系建设的政策措施，冷鲜肉供应的发展条件得到加强。2018年，全国规模以上屠宰及肉类加工企业共计3884家，资产总计6094.6亿元，实现主营业务收入9389.9亿元，同比增长6.3%，牲畜屠宰、禽类屠宰、肉制品及副产品加工分别占36.6%、23.8%、39.6%；利润总额415.5亿元，同比增长12.6%，牲畜屠宰、禽类屠宰、肉制品及副产品加工分别占31.8%、14.2%、54.0%；屠宰及肉类加工产销率达98.6%。

2. 乳品生产与消费进入新阶段

乳制品，尤其是婴幼儿配方乳粉，是关乎国计民生的重要产业。为促进行业持续健康发展，国务院办公厅转发了工业和信息化部等部门《推动婴幼儿配方乳粉企业兼并重组工作方案》。《方案》出台 4 年多以来，婴幼儿配方乳粉行业兼并重组成效显著，整个乳品行业也呈现出良好的发展势头，产业集中度逐年提高、产业规模稳步扩大、产品质量不断提升、品牌效益和企业营收能力得到显著提升，产业进入内涵式增长和高质量发展阶段。从质量安全看，目前婴幼儿配方乳粉、乳制品在国家食品药品监督管理总局监测的 32 大类食品中，合格率是最高的。从品牌发展看，2018 年，飞鹤乳业乳粉业务收入超过 115 亿元，在高端乳粉市场占有率有望进一步赶超荷兰著名品牌美素，伊利、蒙牛等大型乳品加工企业综合实力突出，入选拉博银行发布的 2018 年"全球乳业 20 强"榜单。从消费市场看，巴氏鲜奶、干酪等"吃"型乳制品逐渐成为新的消费热点，推动产业结构转型升级，我国乳品生产与消费整体进入高质量发展的新阶段。2018 年，全国规模以上乳品加工企业共计 587 家，资产总计 3157.9 亿元，实现主营业务收入 3398.9 亿元，同比增长 10.7%，其中，液体乳制造、乳粉制造、其他乳制品制造分别占 80.1%、15.1%、4.8%；受产业结构调整、研发投入提高等因素影响，利润总额小幅降低为 230.5 亿元，同比降低 1.4%，其中，液体乳制造、乳粉制造、其他乳制品制造分别占 79.4%、16.2%、4.4%；乳制品产销率达 98.0%。

第二节　存在问题

一、企业规模普遍偏小，产业结构布局有待调整

当前，我国食品工业多数行业仍呈现企业数量众多、规模相对较小、地域较为分散的特点。从企业结构看，中小微企业众多，占比超过 90%，大型企业数量较少。从行业结构看，"十二五"以来，我国食品工业产业链得到完善和延伸，但初加工产品占比仍较高，产业发展层次偏低，2018 年，加工程度和利润率最低的农副食品加工业主营业务收入占全部食品工业的 58.4%。细分行业中，主营业务收入占比最高的三个行业为其他饲料加工、食用植物油加工、稻谷加工，而这三个行业的主营业务收入利润率分别为 4.6%、3.6%、4.5%，在全部细分行业中处于较低的水平；除白酒制造外，保健食品等主营业务收入利润率相对较高，行业的收入占比均较低。从区域结构看，我国食品工业企业多分布于东部地区，中西部特色瓜果和牧业主产区的食品工业企业数量较少，这

些地区的食品加工利用率普遍较低、附加值不高，仓储、冷链物流等配套条件较差，承接东部食品产业仍然任重道远。

二、发展方式较为粗放，自主创新能力有待提高

一方面，企业以数量扩张为主的发展方式仍未得到全面改变，普遍存在自主创新能力不强、科技成果转化率低等问题，目前，我国食品研发强度在0.4%～0.5%之间，低于发达国家2%、新兴工业化国家1.5%的水平，食品装备、发酵菌株等自主知识产权缺乏，部分关键配料长期依赖进口。如乳清粉作为婴配乳粉生产的主要原料，通常由干酪副产品加工得到，国内生产干酪的发酵菌株、凝乳酶等生产技术工艺缺乏，使得国产干酪及副产品产量低，加之乳清脱盐技术等技术不成熟，导致乳清粉严重依赖进口，此外，乳糖、OPO结构油脂、乳铁蛋白等也大多依赖进口，制约国内高端乳粉的发展。

另一方面，传统产品所占比例较高，中式肉品工业化、传统米面制品工业化、特色果蔬加工等资源开发力度不足，保健食品制造、咖啡制造、干酪加工等产业规模仍较小，高品质食品的有效供给不足，难以适应消费变化。例如，我国已成为世界肉类生产和消费第一大国，但产品结构不能满足消费需求，产品冷链流通率低，生鲜肉中70%为热鲜肉、冷冻肉，冷鲜肉和小包装分割肉发展相对缓慢；加工肉制品方面，产品同质化严重，新型西式肉制品、中式肉制品等多元化产品的发展较为落后，与城乡居民日趋健康、多元的消费需求不相适应。

三、国内外不确定因素增加，中小企业压力增大

国内方面，随着宏观经济进入中低速发展的新常态，以及"八项规定"等规范性政策出台，对部分食品产业发展产生显著影响。目前，在当前消费升级的巨大推动下，多数细分食品产业发展迎来新机遇，随着消费端的主力由集团消费转变为个体消费，消费习惯由过度消费转换为适度消费，呈现多元化、健康化、功能化等新趋势，对企业研发创新、渠道管理等能力提出更高要求。对于广大中小企业来说，研发和市场运作能力有限，加之节能减排任务较重、人工水电成本日益提高，生存压力增大。

国际方面，随着食品工业的快速发展，其在全球商品贸易中的地位也稳步提升，自2012年以来，全球食品贸易额年增速维持在7%～9%。其中，东盟、美国、巴西是我国最大的食品进出口贸易伙伴，三者合计占贸易总额的45%以上，此外，我国与欧盟食品贸易规模仍然较大。近年来，国际食品贸易局势不稳定，部分国家贸易保护主义有所抬头，对于体量较小的食品企业来说，抵抗贸易动荡的能力较弱，出口形势不容乐观。

区域篇

第六章

东部地区

第一节　典型地区：浙江省

一、运行情况

（一）产销较快增长

2018年，浙江省消费品工业规模以上企业实现产值 25891.8 亿元、工业销售产值 25035.2 亿元，同比分别增长 8.1%和 7.1%，产销率达 96.7%。

（二）效益显著提升

全省消费品工业规模以上企业全年实现主营业务收入 25613.0 亿元，利润 1620.7 亿元，同比分别增长 8.5%和 9.6%，比上年分别提高 0.8 和 1.8 个百分点。其中，服装服饰、饮料制造业和烟草三个行业利润增幅最大，分别为 46.4%、32.6%和 19.9%。主营业务利润率为 6.33%，比上年提高 0.07 个百分点。

（三）出口保持增长

全省消费品工业规模以上企业全年实现出口交货值 6361.2 亿元，同比增长 5.4%。其中，木材加工、烟草、化纤三个行业分别增长 19.6%、19.5%和 18.8%。

（四）转型持续提速

通过加快新技术、新产品研发，2018 年全省消费品工业规模以上企业实现新产品产值 9259.4 亿元，同比增长 16.1%，其中烟草、化纤、木材加工三个行业增幅最大，分别为 70.4%、27.8% 和 27.3%。新产品产值率为 35.8%，比上年提高 2.5 个百分点，其中医药行业新产品产值率达 41.1%。医药行业研发费用支出占主营业务收入比重为 4.5%，较上年同期提高 0.6 个百分点，在各工业大类中位居第 3 位。

二、发展经验

（一）完善消费品工业产业政策支持体系

一是开展"三品"专项行动。贯彻落实《浙江省人民政府办公厅关于开展消费品工业"三品"专项行动营造良好市场环境的实施意见》，着力提升产品开发能力、提升标准和质量水平、提升品牌竞争力，优化市场环境。以首批"三品"战略示范城市，三个时尚产业名城杭州市、宁波市、温州市为重点，完善省市县三级联动的试点工作机制。

二是研究制定子行业发展政策。印发《浙江省进一步加快时尚制造业发展行动计划（2018—2022 年）》《2018 年全省轻纺行业工作要点》《关于加快推进医药产业创新发展的实施意见》《浙江省规模化集约化蚕桑示范基地建设实施方案》等文件。落实振兴实体经济财政专项激励政策，做好消费品工业技术改造、产业智能化改造项目的实施。

（二）优化消费品工业创新新动能

一是加快培育重点企业。结合产业结构优化方向和产业实际特点，着力抓好重点企业的培育工作，依托龙头企业、创新型企业，着力打造"雏鹰"、"雄鹰"企业，支持大企业尤其是上市公司和独角兽企业，通过并购等手段加快做强做大。稳步抓好 106 家时尚重点企业和 188 个重点品牌培育工作。全省共有 27 家企业入选 2017—2018 年度全国纺织服装企业竞争力 100 强，16 家企业入选 2017 中国轻工业企业综合榜单 100 强，11 家企业进入中国医药工业主营业务收入百强。

二是提升品牌竞争力。积极开展时尚品牌活动，围绕本省消费品领域品牌特色，构建重点消费品推荐网络，形成消费品领域品牌体系。鼓励各地根据消费品领域产业集群优势，打造区域特色品牌，推动自主品牌建设和评价。全省共有 10 家企业入选 2018 年工信部重点跟踪培育纺织服装终端消费品牌企业，3 家企业入选 2018 年工信部重点跟踪培育品牌企业，4 家企业入选制造业单项冠军企业。

三是举办重大活动。举办第二届世界工业设计大会、开展第三届中国设计智造大奖评选。举办世界青瓷大会·中国陶瓷艺术大展、第八届浙江工艺美术精品博览会，进一步提升浙江省工艺美术在全国、全球的影响力。支持中国国际丝绸博览会、杭州时尚周、宁波国际服装节等时尚消费类会展活动，为时尚产业发展营造了良好的环境和氛围。着力推动医药行业产需有效对接，主办第四届浙江国际健康产业博览会和第二十届中国浙江投资贸易洽谈会—浙江省国际智能医疗创新大会等活动。

（三）加快消费品工业创新载体建设

一是推进产业发展平台建设。发挥国家、省级平台的辐射和示范作用，推进消费品工业"三品"战略示范试点城市、纺织服装创意设计园区（平台）、特色小镇等发展平台建设。

二是推进创意设计平台建设。落实省重点企业设计院、省级市级工业设计中心、企业技术中心。新增省级制造业创新中心 7 家，新增省级企业技术中心 101 家、国家企业技术中心 8 家，启动第二批 30 多家省级产业创新服务综合体创建培育工作。实施服务型制造工程，新增省级示范企业 80 家、示范平台 26 个，10 家企业入围国家级示范企业（项目、平台）。

三是加快推进专业人才培养。在《浙江省时尚产业人才发展规划（2017—2022 年）》的基础上，制定时尚产业 2018 年度人才工作要点。举办全省时尚产业创新发展培训班，开展面向时尚类企业经营管理人员的培训。完成第二批"浙江省高层次人才特殊支持计划"传统工艺领军人才遴选推荐工作。

（四）推动重点行业转型发展

一是加快传统制造业改造提升。根据《浙江省加快传统制造业改造提升行动计划（2018—2022 年）》的要求，牵头起草家电、家具、文体 3 个第二批试点行业改造提升方案；完成试点地区申报推荐和实施方案编制指导工作。

二是稳步推进第一批省级试点改造提升。开展对纺织、服装、化纤、造纸、皮革、食品等 6 大行业 13 个省级试点改造提升进展情况的实地调研。

三是开展现代产业集群谋划。开展《培育世界级先进制造业集群行动计划》工作，提出建设现代纺织产业先进制造业集群的现实基础、发展方向、建设目标和推进举措。

四是推进历史经典产业稳定发展。制定《浙江省规模化集约化蚕桑示范基地建设实施方案》，牵头遴选确定铁皮石斛等新"浙八味"中药材培育名单，组织召开专题发布会，大力宣传新老"浙八味"。

三、启示与建议

（一）大力推进时尚产业发展

一是以数字化时尚为切入点，借力浙江省在电商集成平台和精品个性平台的发展优势，建立时尚产业产品设计、新制造、品牌和产品传播、营销模式创新等数字化发展体系，高起点培育时尚产业新动能。

二是统筹全省时尚产业细分领域和各地资源，打造全省统一的优势企业、重点产品、自主品牌和优秀设计师的发布展示和推介平台，提升浙江省时尚产业在全国乃至全球的影响力。

三是推动建立由政府部门、高校和龙头企业等组成的时尚制造政产学研用产业联盟，打造时尚产业发展共同体，加快培育一批国家和省级企业技术中心、产业创新综合服务体、重点企业研究院等。

四是充分发挥相关行业协会作用，建立时尚产业评价体系，对时尚产业发展情况进行系统监测、分析和评估。

五是围绕时尚产业需求，开展创意设计类、经营管理类和技能型人才的培训，打造优秀人才脱颖而出的平台。

（二）加快谋划生物经济发展

一是借鉴对标国内外在改革创新、园区建设、产业培育、人才培养等方面的先进经验，研究制订培育生物经济发展的政策规划。

二是在创新能力提升、重点领域突破、龙头企业培育、产业链配套能力提升、产业集群升级行动、数字化转型和深化国际合作等方面加大政策支持力度。

三是明确生物经济产业重点领域范围，摸清产业底数，梳理统计分类目录和生物经济发展的动态监测指标，研究建立符合浙江省生物经济特色的统计指标体系，开展统计监测。

（三）持续推动行业提升发展

一是培育形成一批具有自主知识产权的知名企业品牌和设计师品牌，加快关键技术标准研制。

二是支持龙头企业嫁接国际知名品牌，利用其品牌影响力和渠道发展自主品牌。

三是鼓励各地根据消费品领域产业集群优势，打造区域特色品牌。

四是培育一批资源配置能力强、拥有核心技术的一流龙头骨干企业，以及一批专注于细分产品市场、具有自主知识产权的"隐形冠军"企业。

五是在重点行业探索建设省级工业互联网数据平台，加速推进物联网、大数据、云计算、人工智能等在消费品工业领域的应用和推广，积极推进行业智能化改造试点。

六是围绕纺织化纤、服装服饰、皮革皮鞋、家电厨具、现代医药等重点行业领域开展"+数字化"行动，开展数字化制造试点示范。

（四）着力提振传统特色产业

一是推进丝绸行业提质发展，引导丝绸生产企业向产业链两端发展，提升设计开发能力和品牌影响力，提升丝绸产品附加值和软实力。

二是推动传统工艺美术行业健康发展，组织好工艺美术领军人才遴选工作，抓好青瓷、木雕、石雕、宝剑重点品种培育。

三是更好推动中药产业创新发展、传承发展，加强新老"浙八味"等浙产特色中药材的宣传推广力度。

第二节　典型地区：辽宁省

一、运行情况

（一）行业总体平稳增长

2018年，辽宁消费品工业实现主营业务收入3475.96亿元，同比增长7.36%，占全省工业总量的13.1%。实现利润168.87亿元，同比增长19.31%，占全省工业总量的11.6%；实现利税299.64亿元，同比增长13.06%，占全省工业总量的10.2%。实现出口交货值464.03亿元，同比增长12.9%。

其中，轻工行业克服了外需减弱、内需放缓的不利影响，呈现企稳回升的良好态势。全年实现主营业务收入2671.7亿元，同比增长5.7%；实现利税164.8亿元，同比增长12.8%。纺织行业在行业加速调整和市场竞争激烈的背景下，围绕重点产业集群加快转型升级和结构调整，形成了特色化发展格局。全年实现主营业务收入228.9亿元，同比下降3.4%；实现利税10.5亿元，同比增长

12.8%。医药行业在原研药品市场规模不断壮大的推动下，呈现产销两旺态势，产业规模不断扩大。全年实现主营业务收入 575.4 亿元，同比增长 21.4%；利润 86.8 亿元，同比增长 16.9%。

（二）经济运行呈现积极变化

一是工业总产值由负转正，结束了 2016 年以来的负增长，实现增长 9%。

二是行业盈利能力大幅提升，利润、利税均实现两位数增长，医药行业利润率高达 15.1%。

三是在骨干企业引领下，饲料、植物油、产业用纺织品、医药等行业产业集中度持续提升，行业竞争力不断加强。

四是主要产品产量稳中有升，其中啤酒产量居全国第 5 位，木质家具产量全国第 7 位，狂犬疫苗、阿托伐他汀钙片等产品产量居全国前列。

五是面对较为不利的国际环境，出口逆势增长，出口同比增长 12.9%，其中，生物药品同比增长 23.2%，医疗器械同比增长 20.4%，食品同比增长 17.4%，家具同比增长 12.9%。

二、发展经验

（一）创品牌、树形象，提升辽宁品牌影响力

一是组织企业参展沈阳国际家博会、大连服装纺织品博览会和泰州国际医药博览会，企业市场占有率逐步提高。

二是推荐 11 户轻工企业入选国家轻工行业百强，4 户医药企业进入全国医药工业百强，大连企业纺织项目获"纺织之光"科技进步一等奖，进一步提升品牌影响力。

三是首次参加泰国（亚洲）食品展，主动融入"一带一路"开拓国际市场。

四是大力发展冰雪经济，推动企业与省体育冬季项目管理中心合作，扩大辽宁省运动户外服装品牌知名度。

五是开展全省制版师大赛、全国服装买手大赛、服装设计师大赛等各项活动，为高质量发展储备专业人才。

（二）抓特色、搭平台，推动特色消费品工业发展

一是强化顶层设计。为加快行业高质量发展，组织实施《特色消费类产品发展工程 2018 年工作计划》《2018 年消费品行业发展工作指导意见》。加强调

研，制定轻工、纺织、医药行业《推动2.0、3.0和4.0并联融合发展工作方案》，研究推进消费品行业智能化升级改造重点方向和技术路径。

二是搭建产需平台。组织医药企业和医疗机构产需对接会，积极推广本地产品应用。召开中国丹东满族医药国际论坛，提升民族药影响力。

三是加强产学研合作。推进重点企业与科研院所合作，组织全省医药科技成果对接会，促进科技成果本地转化。

（三）重服务、促交流，努力为企业发展排忧解难

一是印发《关于推广涉氨制冷企业4S服务模式的指导意见》，开展涉氨制冷企业4S服务模式培训，促进推广工作走向深入。

二是建立省市推进工作联络机制，将重点消费品企业纳入沈阳市重点帮扶企业目录，实行专人负责保证服务。

三是对口帮扶税收企业和亏损较大企业，签订服务承诺，落实责任，跟踪调度并协调解决企业存在的问题。

四是加强对口合作交流，组织企业参加对接活动，对标先进，促进共同发展。

三、启示与建议

（一）细化特色消费品发展工程，加速产业规模提升

一是实施消费升级行动。梳理大豆、玉米、花生等产业链，加强方向路径研究。促进企业技术创新，开发低耗能、高利润、高附加值的新产品新技术。依托骨干企业，培育现代家居产业。

二是实施市场拓展行动。深化与知名电商合作，组织骨干企业参加沈阳国际家博会、大连服博会、医药博览会等各类专业展会，开展供需对接活动。深耕日韩美欧及港澳台地区等传统市场，大力开拓"一带一路"沿线国家等新兴市场，推动产业链上下游关联互动。

三是实施智能提升行动。加快推动互联网、大数据、人工智能与消费品制造深度融合，开展智能化工厂试点，推广云技术应用。

（二）深化"三品"工程，推进消费品供给侧结构性改革

一是增品种，丰富消费品有效供给。加强对智能型、健康型、时尚型产品的研发设计和生产，促进一类新药等重点新产品研发，组织开展纺织服装创意

设计园区和设计师、制版师等评选活动。

二是提品质，促进辽宁精品制造。推进制定团体标准，鼓励企业开展国际标准比对。推进仿制药一致性评价，提高药品质量。

三是创品牌，打造辽宁名优品牌。鼓励企业打造自主品牌，挖掘文化内涵，开展品牌整体营销。培育一批特色鲜明、竞争力强的区域品牌。

（三）培育新动能，助推消费品工业高质量发展

一是大力发展生物医药产业。围绕生物制药等新兴重点领域，以创新为引领，聚焦"高端化、智能化、特色化、绿色化、国际化"重点任务，在新业态上求突破，实现医药行业高质量发展。

二是促进特色产业发展。集中精力、率先发展有比较优势的水产品、食用菌、果蔬等农副产品，大力发展特色中药新药和中药保健品等大健康特色产品。做大做强定制服装、运动户外服装、柞蚕丝纺织等特色纺织产业。

三是实施一批重大项目。加速高质量发展重点项目建设，尽快投产达效、形成增量。按照重点发展方向，培育、储备一批高质量项目，积极争取国家政策资金支持。

（四）夯实运行管理基础，确保产业健康发展

一是稳定经济运行。加强行业运行监测分析和预警预判，建立企业、产业基础信息数据库，对行业重点企业实施动态管理。

二是开展有效服务。深入企业实施"一对一"精准帮扶。推进泳装、户外服装等重点产业链延伸，指导企业开展重大新药创制、仿制药一致性评价等工作。

三是增强责任意识。在制定行业发展政策、项目规划建设中统筹考虑安全生产和环保因素，切实提高行业安全生产和环保管理水平。

第七章

中部地区

第一节　典型地区：安徽省

一、运行情况

2018年，全省规模以上消费品工业企业8525家，累计实现主营业务收入12119.5亿元，同比增长7.9%；实现利润791.2亿元，同比增长28.0%。其中：

轻工行业（含家电）。全省规模以上轻工企业3587家，累计实现主营业务收入5751.5亿元，同比增长9.5%；累计实现利润393.3亿元，同比增长29.2%。轻工行业整体呈现质效双升态势，利润增速远高于主营业务收入增速，家电产业利润增速更是达到了35.7%，高于消费品工业整体利润增速7.7个百分点。

食品行业。全省食品工业产业规模、经济效益继续保持稳定增长，呈现出平稳发展态势。食品工业规模以上企业2608家，累计实现主营业务收入3554.6亿元，同比增长5.9%；实现利润238.7亿元，同比增长33.5%。

纺织行业。全省规模以上纺织企业1828家，实现主营业务收入1884.5亿元，同比增长4.7%。实现利润97.1亿元，同比增长33.2%。全年主营业务收入10亿元以上企业14家，20亿元以上企业6家，安徽皖维和申洲针织突破50亿元。

医药行业。全省规模以上医药企业502家，工业增加值增速增长17.0%，高于全省平均7.7个百分点。累计实现主营业务收入928.87亿元，同比增长12.2%；实现利润62.15亿元，同比增长0.1%。

二、发展经验

（一）大力实施消费品工业"三品"战略

一是按照《支持制造强省建设若干政策》部署，开展"三品"示范企业、工艺美术大师示范工作室、食品药品洁净厂房、仿制药一次性评价、安徽工业精品等示范企业和产品评审认定工作，设计奖补资金 2600 余万元，确保"三品"战略落到实处。

二是根据工信部统一部署，积极申报消费品工业"三品"战略示范城市。继合肥、滁州成功获批后，芜湖市获评 2018 年消费品工业"三品"战略示范城市。

三是加强纺织服装自主品牌培育工作。

（二）持续开展"精品安徽"央视宣传

自 2017 年 10 月 18 日起，省经信厅在 CCTV-1、CCTV-13《朝闻天下》和 CCTV-13《新闻 30 分》栏目连续播出了"精品安徽"宣传片，截至 2018 年 12 月，共 41 家企业参与宣传推介。据第三方权威机构央视市场研究出具的 CTR 监播报告显示，2017 年 10 月 18 日至 2018 年 12 月 31 日共累计播放 2302 次，获得毛评点 466.87，有 58.24 亿人次收看了"精品安徽"宣传片，占收看电视总人数的 41.3%。收看人群不断扩大，品牌影响力不断增强。通过组织优秀企业抱团参加"精品安徽"央视宣传，极大提振了安徽省制造企业的信心，精准解决了部分成长型中小企业央视宣传的高门槛限制，增强了企业品牌宣传的积极性。2018 年，"精品安徽"央视宣传奖补资金约 4126 万元。

（三）稳步推进盐业体制改革

完成盐改的重点难点工作。2018 年 10 月，《安徽省盐业体制改革人员分流安置方案》通过审定并正式印发，做好盐改人员分流安置方案编制和实施工作。

一是内摸省情，省经信厅会同省盐务局对全省 16 个市、62 个县（市区）盐务人员进行了全面摸排。形成了《安徽省盐业系统人员信息情况统计表》等一系列改革基础资料。

二是多次会同省有关单位围绕安置人员范围和方式、工作程序等关键问题进行专题研究。《安置方案》出台后，得到全省盐业系统一致好评，保障了后期的公开有序操作、平稳有效实施。

三是会同省人社厅、省食药监局印发《安徽省盐业体制改革中机关事业单位招录（聘）工作人员实施方案》，已完成招考有关工作。考试后续的考察、公示、审批录用或报批聘用等工作有序向前推进。预计2月底前人员分流安置工作基本结束。

（四）积极组建展示展销平台

一是成功举办第十二届家博会。以"智慧家居，美好生活"为主题，国内外参展企业400家，参展参会人员达15万人次，现场销售收入（含订单）近2亿元。连续七年发布中国家电"能效之星"评价结果，并继续在家博会发布中国家用电器行业品牌发展报告。

二是会同省工艺美术促进会，成功举办安徽省第八届工艺美术精品博览会，展示安徽工艺美术风采，塑造安徽工艺美术大省形象，推动安徽省工艺美术产业健康有序发展。

三是指导省酒业协会成功举办2018安徽酒业博览会，集中展示安徽酒业改革开放40年来获得的综合成果和良好形象，提升安徽酒业在全国的影响力，促进全国化拓展。

（五）严格实施行业规范管理

一是向安徽普仁中药饮片等72家企业颁发《麻黄草收购（经营）许可证》。
二是完成对蚌埠福淋乳业等10家企业产业政策审核。
三是配合工信部做好2家印染企业准入公告现场审核。
四是督促指导企业严格按照铅蓄电池行业规范生产。
五是开展2018年度省级医药和食盐储备工作。
六是积极推进服装家纺自主品牌建设。
七是完成全省80家企业食盐生产、批发许可证书换发工作。
八是指导工艺美术促进会开展安徽省第五届工艺美术大师评审等工作。

三、启示与建议

坚持以习近平新时代中国特色社会主义思想为指导，全面贯彻落实党的十九大精神，高举"制造强省、民营经济、数字经济"三面大旗，继续深化供给侧结构性改革，以"满足人民美好生活需要"为总目标，以消费品工业"三品"战略为抓手，大力推动消费品行业持续健康发展，促进消费品工业由高速增长向高质量发展转变。

（一）做亮做响"精品安徽"品牌

用足用好制造强省和民营经济发展政策，强化上下结合省市联动，凝心聚力推动 2019 年"精品安徽"央视宣传工作，做亮做响"精品安徽"品牌。以"精品安徽、徽商中国"为主题，深入实施"三品"战略，促进消费品行业有效供给。持续推进实施增品种、提品质、创品牌的"三品"战略行动，继续开展消费品行业"三品"示范企业及工艺美术大师示范工作室评审认定工作，充分发挥行业示范引领作用。

（二）培育生物医药产业发展新动能

一是大力发展生物药、化学药新品种、现代中药、高性能医疗器械，推动重大药物产业化，提高竞争力。

二是创新引领，推动产业集聚发展。支持合肥建设国内一流的生物医药专业孵化基地，打造全国重要的生命健康产业基地；加快建设亳州现代中药产业集聚发展基地，打造全国重要的现代中药产业基地；加快建设阜阳太和现代医药产业集聚发展基地。

三是积极推动"十大皖药"产业示范基地建设，形成品牌带动效应。

（三）促进传统家电产业转型升级

围绕"重研发、填空白、推智能、抓升级"的思路，实施品牌化战略，推行个性化定制，提升供给质量和效率，研发新品、多出优品，填补安徽省在洗碗机、熨烫机、新风机等新品空白，开展智能家居产品和智能家居系统认定奖补，进一步提升中高端智能家电产品比例。

（四）搭建三大展览展示平台

一是办好第十三届中国（合肥）家用电器暨消费电子博览会，提前谋划，探索和尝试市场化运作模式，进一步提升展会水平和档次，丰富展览展示内容，不断扩大展会影响力。

二是继续举办工艺美术精品博览会，促进传统工艺美术产业健康发展。

三是举办安徽省白酒博览会，提升安徽省白酒产业整体实力和知名度。

（五）巩固盐业体制改革成效

加快构建以信用监管为核心的新型监管机制。根据国家发展改革委、工信部等 27 个部门联合印发的《关于对盐行业生产经营严重失信者开展联合惩戒的合作备忘录》，对纳入"黑名单"的企业实施联合惩戒。加强监管，对开展跨区经营的食盐批发企业的违法违规行为，依法处罚。积极巩固落实食盐专业化监管体制改革成效，配合省市场监督管理局加强食盐质量安全监管。

（六）做好消费品行业管理工作

一是坚持月度会商分析制度，继续做好食品、家电、纺织、医药等重点行业整体运行情况及部分龙头企业运行分析，积极稳妥应对贸易战，大力促进实体经济特别是民营经济发展的政策、举措和机遇。

二是根据国家颁布的乳制品、印染、铅酸蓄电池等行业准入（规范）条件，优化行业布局，引导行业健康发展。

三是加强重点行业调研，重点掌握骨干企业发展态势，形成重点行业发展报告。

第二节　典型地区：河南省

一、运行情况

（一）纺织工业

2018 年上半年，纺织工业运行总体平稳，增速放缓；下半年，增速继续放缓，产品库存增加，各项指标明显下滑。2018 年 1—12 月，纺织业主营业务收入同比增长 5.3%，利润同比增长 16.4%，纺织服装、服饰业主营业务收入同比增长 16.2%，化纤制造业主营业务收入同比增长 20.2%。主要产品产量同比增速减缓或略有下降，规模以上企业全年累计生产纱 345.5 万吨，同比增长 6.5%；累计生产布 17.4 亿米，同比增长-3.1%；累计生产帘子布 8 万吨，同比增长 2.8%；累计生产化学纤维 56.7 万吨，同比增长 5.2%；累计生产服装 15.7 亿件，同比增长 6.9%。

（二）轻工业

轻工行业受产业转移和中美贸易战等因素的影响，增速同样放缓，有的指标下降。2018年，文教、工美、体育和娱乐用品制造工业增加值增速-3.1%，主营业务收入同比增长4.9%；家具制造工业增加值增速3.8%，主营业务收入同比增长18.1%；皮革、毛皮及制品工业增加值增速6.6%，主营业务收入同比增长15.9%；造纸和纸制品业工业增加值增速4.8%，主营业务收入同比增长8.9%，印刷和记录媒介工业增加值增速1.5%，主营业务收入同比增长9.7%。主要产品产量多有下降，其中，皮革鞋靴12559.2万双，同比增长-3.0%；家具2284.1万件，同比增长-1.9%；塑料制品266.9万吨，同比增长-11.8%；机制纸及纸板379.1万吨，同比增长-1.9%；纸制品671.1万吨，同比增长14%；家具2284.1万件，同比增长-1.9%；轻革4250平方米，同比增长7.4%，家用电冰箱125.6万台，同比增长-40.7%，多彩印刷品1182.5万令，同比增长-10.6%。

二、发展经验

（一）推进实施"三品"战略

一是宣传消费品工业"三品"战略。省工信厅通过开展调研或参加地市及行业活动等方式，面向地市工信部门和行业大力宣传"三品"战略，宣传和解读省政府办公厅《关于开展制造业"三品"专项行动营造良好市场环境的实施意见》（豫政办〔2017〕133号），引导企业积极开展以新产品开发为主的技术改造，围绕生产装备网络化智能化、制造工艺数字化和生产过程信息化进行升级改造，积极参加对标达标活动，加强产品质量全过程管控，争创知名产品、企业和区域品牌，逐步提高河南省消费品工业的供给能力和水平。

二是组织申报"三品"战略示范城市。根据《工信部办公厅关于组织申报2018年消费品工业"三品"战略示范城市的通知》，积极组织"三品"战略示范城市申报。郑州市和漯河市被工信部认定为2018年消费品工业"三品"战略示范城市。

三是提高研发和创意设计能力。开展工信部纺织服装创意设计园区（平台）试点培育创建工作。参加工信部纺织服装创意设计园区（平台）座谈会，学习先进地区创建经验，组织召开创建工信部纺织服装创意设计园区（平台）试点工作座谈会，安排部署培育和申报工作，推荐郑州锦荣置业有限公司、河南锦绣园企业孵化器有限公司2家单位上报工信部。

四是推动质量提升。开展质量标杆创建、质量标杆进百企、质量诊断等活动，河南新野纺织股份有限公司实施卓越绩效管理模式的实践经验、河南阿尔本制衣有限公司实施智能制造推动质量管理的经验等 38 家企业被评为省质量标杆。组织企业参加了 2018 年全国质量标杆四川行、河南行和山东行交流活动，为企业提供了学习、交流的机会。

五是加强行业品牌培育。根据《工业和信息化部办公厅关于开展 2018 年纺织服装行业自主品牌建设调查工作的通知》要求，按照制造品牌和终端消费品牌两大分类，面向纺织服装全行业组织开展了行业品牌调查并完成了数据审核上报，河南省共有 4 家企业入围 2018 年度工信部重点跟踪培育 120 家纺织服装品牌企业名单，新野纺织和新乡化纤为今年新增企业。与省发改委科技处共同举办了"品牌培育管理体系标准宣贯暨产业集群区域品牌创建座谈会"，会议邀请工信部品牌专家讲解了品牌培育系列标准，交流分享了企业品牌和区域品牌培育建设经验，鼓励和引导重点企业建设品牌培育管理体系，提高企业品牌培育的系统性和有效性。大力支持举办中原国际时装周、新野县首届纺织服装博览会、首届中国·清丰实木家具博览会、2018 中国（河南）大学生时装周、工艺美术行业特色区域产业发展论坛等地市和行业大型品牌活动。

六是推进个性化定制、柔性化生产，推动轻纺行业智能化转型。按照河南省大力推动制造业智能化改造的工作部署，对纺织服装行业智能制造典型企业案例给予了跟踪指导，组织了智能制造专家对部分企业智能制造工作开展了诊断，梳理提出了轻纺行业推进智能制造的思路打算，积极引导轻纺行业智能化转型。陪同工信部调研组赴大信橱柜、海尔电器开展个性化定制专题调研，总结梳理了消费品工业个性化定制的总体情况、主要做法和政策措施，引导企业巩固现有优势，积极打造个性化定制创新示范服务平台。

（二）加强行业管理

一是做好重点行业规范公告管理。学习和宣贯工信部《印染行业规范条件（2017 版）》及相应的管理办法。根据工信部关于印染企业、再生化学纤维（涤纶）行业规范公告申报工作通知，布置申报事宜。按照工信部加强对符合《铅蓄电池规范条件》生产企业监督管理的要求，下发《关于加强铅蓄电池行业规范公告企业监督检查的通知》，安排部署监督检查工作。

二是参加行业管理工作会议及业务培训。参加全国消费品工业座谈会、工艺美术行业管理工作座谈会、智能制造示范项目现场交流会等会议，通过交流学习提升行业管理能力。参加国家标准委和工信部联合举办的《电动自行车安全技术规范》国家标准贯彻专题培训，增强对新标准的准确理解和认知。参加工业和信息化智能制造和工业互联网专题培训班，学习了解国家有关智能制造和工业互联网产业发展的顶层设计和总体部署，加深对基础概念和实践案例的理解认识，增强对新事物、新业态、新模式的正确把握，提高业务素养。

三是圆满完成第七届中国工艺美术大师评选推荐和作品送评等后续工作。组织 8 名参评人员按时赴上海参加作品评审，郑州市玉雕大师王冠军、许昌市陶艺大师任星航和汝州市陶艺大师孟玉松成功当选第七届中国工艺美术大师。至此，河南省共有中国工艺美术大师 12 人。

（三）开展行业调研

一是组织开展电动自行车行业调研和宣贯工作。为推动新制定的《电动自行车安全技术规范》国家标准贯彻实施，赴商丘、驻马店、洛阳等地市对省内电动车行业进行全面调研，形成《河南省电动车行业调研报告》，印发了《关于做好电动自行车安全技术规范宣贯工作的通知》，指导各省辖市做好电动自行车新国标的宣贯工作，并于 2018 年 10 月，在驻马店举办了标准宣贯专题培训。

二是承担"河南制造业高质量发展"分课题研究。根据省委十届六次全会精神和省领导有关安排部署，参与河南制造业高质量发展课题研究，承担分课题"实施'三品'战略，推动消费品工业改造提升研究"的研究工作，对消费品工业在新形势如何转型升级、提高发展质量效益进行案例分析并提出政策建议。

三是持续开展行业基础调研。赴南阳、郑州、安阳、驻马店、漯河、信阳等地调研轻工、纺织和工艺美术行业发展情况，掌握重点园区、重点企业、产业规模、经济效益等行业发展现状，了解企业生产经营、技术改造、产品创新、品牌创建等方面的情况和存在的问题。

（四）支持地方和有关行业协会开展活动

根据工作需要，对《新乡市绿色纤维与纺织服装专项示范工程实施意见（征求意见稿）》提出修改意见，指导其完善产业发展思路、找准目标定位，提高实施意见的指导性；引导行业协会在政策宣传、品牌创建、宣传推广、人才培育、国内外合作交流等方面发挥积极作用，大力支持省纺织协会、服装协会、孕婴童用品行业协会、家具协会、皮革协会、工艺美术协会、陶玻协会等行业协会的工作，支持 2018 中国郑州实木家具展、中国纺织经济发展高峰论坛等活动的开展。

三、启示与建议

一是引导轻纺行业加快智能化转型，以智能化改造提升为统领，促进

"三品"战略深入实施。加快推进实施轻纺行业关键岗位"机器换人"、生产线智能化改造、智能车间和智能工厂建设等行动,逐步实现质量在线监测和制造过程的可视化智能化,提高产品品质和生产效率;以永安纺织、大信橱柜、海尔电器等智能制造和个性化定制企业为典型,在服装、家具、家电行业推行个性化定制和服务型制造模式,使制造与消费需求结合得更加紧密,提高供给对消费需求变化的适应性和灵活性。

二是加强电动自行车行业管理。持续做好新修订的《电动自行车安全技术规范》强制性国家标准宣贯工作;做好行业规范公告管理,按工信部要求布置申报工作,加强对列入符合规范条件名单企业的监督管理。

三是持续开展行业调研,掌握行业运行动态和企业生产经营情况;做好企业服务工作,切实帮助企业排忧解难,增强企业发展信心。

四是研究完善省第七届工艺美术大师评审工作方案,建立新的评审工作机制,适时重启省第七届工艺美术大师评审工作。组织一期工艺美术行业培训,提高管理人员和从业人员的素质。

五是开展婴幼儿推车、儿童汽车安全座椅、纸尿裤等重点产品与国外产品质量及性能实物对比,引导企业参照国际先进质量标准组织生产。

六是引导和鼓励行业协会进一步发挥好桥梁纽带和服务企业的作用,共同实施好消费品工业"三品"战略。

第八章

西部地区

第一节 典型地区：重庆市

一、运行情况

（一）总体运行情况

2018年，重庆市消费品工业规模以上企业1972户，完成工业总产值3643.6亿元，同比增长3.1%，占全市工业总产值的18%，其中轻纺行业实现工业总产值1616.79亿元，同比增长1.09%，食品行业完成工业总产值1411.7亿元，同比增长1.1%，生物医药行业实现产值615.1亿元，同比增长11.9%。

（二）行业发展情况

1. 特色产业基地建设步伐加快

一是服装订单加工基地培育特色明显、亮点纷呈。荣昌在工贸一体化、产业链配套和智能制造上下功夫，入驻企业生产设备水平在全国同行业处于领先水平，在区域服装行业内树立了智能化发展的典范。

二是塑料产业培育集聚效应显现。梁平生态塑料产业园引入80余家大中型塑料企业，计划总投资133.54亿元，设计年产值201.31亿元，2018年产值达55亿元。

三是眼镜产业集群持续发力。荣昌眼镜产业园以园区入驻企业为纽带，建立了政府、企业、协会、高校合作机制，引进天津职业大学建设眼镜创新孵化中心，委托中央美术学院设计眼镜产业园景观，以"旅游+工业"为特色的"视界小镇"。

四是家具产业集群培育势头强劲。长寿工业园区荣膺"中国家居（木业）产业基地""中国10大木业产业加工园""中国套装门之都长寿生产基地"等全国性荣誉称号。家居产业产值规模突破百亿元大关，已形成规模达1000万套木质套装门、30万套橱柜、30万套办公家具及智能家居类的家居产业集群，以及与其配套的建筑材料和家居五金配饰配件产业。

五是食品加工集群齐步走。江津园区依托"五桶油"和白酒产业成功创建市级粮油食品特色产业示范基地，秀山县引进龙头企业成功创建市级休闲食品特色产业建设基地，涪陵区围绕做强国家新型工业化（食品）产业示范基地，引进重庆火锅产业集团、聚慧食品建设重庆火锅食材保税加工贸易基地和建设重庆火锅调味品智能加工贸易基地。

2. 订单龙头企业引进取得新突破

一是"订单+龙头+配套"的合作模式更加成熟，宜家东亚采购部门先后三次赴渝开展软包家具、LED照明领域合作项目可行性调研。

二是成功促成全国500强企业江苏苏美达轻纺国际贸易公司入驻万州区，预计今年产值将达到1亿元。

3. 生物医药产业发展成效显著

一是国际化水平进一步提升。德国美天旎公司与植恩药业、市肿瘤医院合作建设了细胞治疗GCP试验平台及中试生产平台，并与国内免疫细胞治疗领先企业展开项目对接；成功引进韩国Binex公司阿柏西普注射液品种并与植恩药业开展产业化合作；俄罗斯BIOCAD公司抗体药物产业化平台进入实质性谈判阶段；中元生物在东南亚、南亚等区域的15个重点国家进行中元血球线、生化线、免疫POCT线产品的注册。

二是产业发展提质增效明显。精准生物Car-t细胞治疗药物临床试验申请获得国家药监局受理；重庆惠源高活性药物生产基地申报的国内首个紫杉醇胶囊等品种进入临床试验阶段，有望在两年内获批；永仁心项目作为全国唯一获批临床试验项目，进展顺利，截至目前，成功完成10例试验，已正式向国家药监局提出提前进行上市审批申请并获得受理，有望提前获批上市；复创医药在研的10个创新药物中5个产品获批进入临床试验阶段；润泽医药人体植入材料多级双连续多孔钽通过国家食药监局注册审批；智翔金泰抗体药物产业化项目已有 3 个品种获得临床试验批准并进入临床阶段；宸安生物重组蛋白药物产业化项目已有 2 个品种获批临床试验；博唯佰泰基因工程疫苗产业化项目 2 个品种进入临床试验阶段。

二、发展经验

（一）政策引领，推动行业加快结构调整

一是开展"十三五"规划环评促进行业绿色发展。严格执行国家有关环境保护相关法律法规，通过政府采购程序委托专业机构对重庆市"十三五"轻工产业发展规划"、重庆市"十三五"纺织工业发展规划开展规划环评工作，为行业实现绿色发展提供科学决策依据。

二是贯彻落实工信部有关产业结构调整要求。印发《关于组织 2018 年再生化学纤维（涤纶）行业规范公告申报工作的通知（渝经信消费〔2018〕2 号）》《关于转发印染行业规范条件（2017 版）和印染企业规范公告管理暂行办法的通知（渝经信消费〔2017〕23 号）》，指导、督促相关区县及企业掌握国家产业结构调整方向和要求，加速技术改造，规范生产经营，实现可持续发展。组织召开了《食盐专营办法》宣贯会精神暨全市食盐专营市场秩序问题集中约谈会。

三是用好用活产业政策，推动"三品"专项行动深化实施。进一步修改完善 2018 年"三品"行动专项资金支持指南，累计支持项目 117 个，安排资金 5462 万元。

（二）紧盯招商引资，强化项目落实

一是瞄准国内外市场，积极开展招商引资活动。在以色列、印度和深圳组织了 3 场生物医药专场招商推荐活动，邀请了 40 余家企业参加。

二是市领导先后带队赴俄罗斯、德国和上海、北京等地开展招商活动。成功邀请德国美天旋公司、俄罗斯 BIOCAD 公司、国药集团、复星医药、天津红日药业、四川新绿色、深圳安科生物、浙江明峰医疗、正大集团等 30 余家企业来渝考察。

三是组织相关区县拜访光明乳业股份有限公司、永和食品（中国）股份有限公司、康师傅控股有限公司、泰豪科技股份有限公司、山东省食品工业协会、西王集团、滨州中裕公司、喜旺集团等企业。

（三）重视质量安全，强化诚信体系建设

一是对标国家工信部食品安全要求，组织区县经济信息委、110余家企业开展诚信管理体系培训，强化提升内控管理水平，红蜻蜓油脂、汇达柠檬、骄王天骄、光大乳业等行业重点企业积极开展诚信体系建设和评价工作。

二是落实"一岗双责"责任，抓发展必抓安全，加强区县经济信息委对食品生产企业安全生产、环保工作的指导，坚决杜绝规模以上食品生产企业出现重大安全生产事故。

（四）强化"三服务"，营造良好产业发展环境

按照"服务区县、服务园区、服务企业"的"三服务"工作要求，提高服务意识，加强市区联动，每一个区县均安排专人对接做好招商引资工作，安排专人建立工作任务台帐，对相关工作进行及时处理和落实，并按要求向牵头处室和区委领导进行反馈，形成"层层落实、分工明确"的工作合力。

三、启示与建议

（一）强化重点工程建设，补齐配套体系短板

一是开展纺织、家具、塑料制品工序配套对接活动，推动行业上下游企业开展供需对接，解决企业供需错配的问题。

二是支持纺织服装面辅料市场整合资源，促进集聚。

三是利用南向通道，打通家具行业原材料进口渠道，瞄准原料供应、辅料生产等产业链短板实施精准招商。

四是会同阿里巴巴策划实施"重庆时尚快销节"，营造良好发展氛围，引领消费，吸引订单。

五是支持行业协会或龙头企业筹办全国性或区域性服装展会，塑造企业品牌和产品品牌，重振"渝派"服饰知名度，打造区域品牌。

（二）强化智能化转型，推动产业高质量发展

一是指导、支持消费品企业开展基于大数据应用的个性化定制、基于优化生产流程和品质管控的智能化应用试点示范。建立2019年消费品工业智能化改造重点项目库，通过试点探索、示范引领，提升直接面向消费者产业的生产效率、研发水平和销售能力。

二是鼓励和推动龙头企业积极建设智能工厂和数字化车间，加快推进产品生产过程智能化转型，大力应用大数据、云计算、互联网、增材制造等新技术，有效构建产品消费需求动态感知、众包设计、个性化定制等新型生产模式。

三是与市内金融机构进行对接，开展消费品行业企业"产保银"合作融资机制试点，探索构建消费品行业产业生态资金链的新模式。

四是鼓励企业广泛进行工艺技术装备的清洁更新，推动建立绿色低碳循环发展的产业体系，引导企业向高端绿色化转型，促进企业技术升级。

（三）强化品牌建设，提升市场认知度和占有率

一是制定品牌提升计划。加快出台《重庆市消费品工业品牌提升行动计划》，明确品牌建设发展思路和路线图，对现有品牌实行梯度管理，制定符合自身实际、定位明晰的品牌发展策略。

二是整合政府、企业与媒体的优势资源，加大品牌建设和市场宣传力度，依托重庆电视台开展"CQTV 重庆品牌计划"相关活动。同时，制定企业（产品）品牌评价指南、入选标准和淘汰细则，建立宣传与推广、建设线上线下营销体系，组织实施消费品工业"新五朵金花"评选等，全面提升重庆市消费品行业品牌知名度和市场影响力。

三是深入推进与国内龙头电商物流企业等服务商战略合作，依托两江新区数字经济产业园、铜梁品质京东、秀山电商云仓等平台，加快产品分拨集散，积极拓展国内外市场，推动"重庆造、全球销"行动取得实效。

（四）强化创新驱动，推进关键平台建设

一是推动产业链各环节资源的有机整合，完善政、产、学、研、金、介、用协同创新体系，搭建涵盖"第三方检测、研发咨询服务"一体化的产业公共服务平台，构建优质的产业创新体系。

二是围绕食品、医药等领域重点方向、关键技术，有效促进中试中心、企业技术中心、工程实验室、工程研究中心等创新平台建设，支持食品、医药等领域企业、院校创建省级以上研发中心，共享公共研发创新资源，合力突破技术难题。

三是加快推动冷链物流体系建设，引导和支持冷链物流系统信息化、标准化建设，推动行业标准化的广泛使用和跨区域推广。

四是打造产业化平台，提升产品制造承接能力。

五是积极对接国家、省、国际产能合作平台，为重庆市支柱企业与国际同行或技术机构搭建有效的交流合作平台，加速拓宽中小创企业信息面和科技视野。

第二节　典型地区：贵州省

一、运行情况

（一）总体运行情况

2018年，贵州省消费品工业增加值同比增长13%，高于工业增速4个百分点，同时，增加值占比45.1%，比上年同期提高7个百分点，全省消费品工业整体呈现出"总体平稳、稳中有进、效益提升"的良好态势。

（二）行业发展情况

1. 烟酒行业成效显著

贵州省烟酒产业完成规模以上工业总产值1346.9亿元，占全省规模以上工业总产值的12.74%；完成规模以上工业增加值1203.6亿元，同比增长15.4%，占全省规模以上工业增加值的32.38%。其中：白酒产业完成增加值898亿元，同比增长18.9%，占全省工业增加值的24.2%，位居全省工业增加值第一产业。

2. 医药制造业稳步增长

贵州省医药制造业总产值279.8亿元，完成工业增加值121.5亿元，同比增长12.3%。中成药产量7.55万吨，同比增长6.4%。药材种植面积突破600万亩，稳居全国前三。

3. 特色食品行业结构优化

特色食品产业完成工业总产值690亿元，完成工业增加值168.5亿元，同比略有增长。其中，农副食品加工业完成工业增加值50.7亿元，食品制造业工业完成工业增加值49.7亿元，饮料和精制茶制造业完成工业增加值68.1亿元。

4. 纺织行业稳中趋缓

纺织产业完成工业总产值85.9亿元，完成工业增加值26.7亿元，同比增长 3.2%。

二、发展经验

（一）围绕运行抓调度

一是完善调度机制，调度优质烟酒、医药、特色食品等重点行业情况，对重点指标、重点企业、重点项目、趋势进行深度分析，全面掌握和行业发展态势。

二是对照主要指标任务，及时协调解决行业发展存在的困难和问题，确保平稳运行，完成全年目标任务。

（二）围绕营销抓市场

一是组织贵州省 30 余家药企到上海参加第 79 届全国药品交易会，现场达成意向性合同资金约 2.69 亿元。

二是围绕重点市场开展白酒宣传推介，组织白酒企业到深圳、大连开展"多彩贵州风 黔酒中国行"宣传推介活动。鼓励支持遵义市、仁怀市及重点白酒企业到全国各地组织开展各类宣传推介活动。在"树形象、创品牌、扩开放、促合作"等方面取得了明显成效。

（三）围绕引领抓龙头

一是强化企业培育，分别遴选了酒类、医药、特色食品产业龙头企业和高成长性企业名单，在政策、资金、要素保障等方面加大扶持力度。

二是开展贵州工业及省属国有企业绿色基金入库申报工作，实现对酒类、医药、特色食品企业的"股权+债券"的多元化投资模式，进一步强化酒类、医药、特色食品产业的政策支撑。

三是深入推进"千企改造"工程，有针对性引导和助推产业发展升级，通过项目的有效实施促使一大批重点企业得到转型升级，一大批重点项目全面建成投产。

（四）围绕发展抓服务

贵州省围绕行业升级发展，相继制定出台了《贵州省促进天然饮用水产业加快发展的意见》《贵州省"十三五"天然饮用水产业发展规划》《关于贯彻落实医药工业发展规划指南的实施方案》《贵州省烟酒千亿级产业振兴行动实施方案》《贵州省健康医药千亿级产业振兴行动实施方案》等产业专项支持政策文件。

三、启示与建议

（一）强化龙头引领，分梯度抓好企业培育

一是鼓励和引导龙头企业、高成长性企业制订转型升级方案，采用现代先进工艺技术，提高生产能力；加快实施兼并重组，提升集约化、规模化能力，培育具有国际竞争力的大型企业集团。全力推动专精特新"小巨人"遴选和培育，促进中小型企业专业化、精细化、特色化发展。

二是充分发挥龙头企业和具有高成长性企业的示范引领带动作用，巩固茅台酒的强势增长势头，着力将其打造成千亿级世界一流企业，重点加大对贵州十大名酒等重点企业的扶持和培育力度。

三是积极推动特色生态食品行业的有效整合，重点做大做强做优龙头特色生态食品企业，全力支持大中小微及合作社融合发展。

四是整合医药企业资源，引导龙头企业做大做强，扶持中小企业在中药、民族药等方面做优做精。

（二）强化宣传推介，分类抓好品牌培育

一是加强行业质量标准化管理体系建设，促进企业完善质量管理体系和质量检测标准，扩大追溯体系覆盖面，实现食品、药品等生产全过程可追溯，走以质取胜、以品牌取胜的发展之路。

二是着力培育发展地理标志商标和知名品牌，培育一批"贵茶""贵酒""贵药"等知名品牌与企业，打造一批"名家、名牌、名企"。

三是加强对重点品牌以及部分特色鲜明的中小消费品企业品牌的跟踪培育，支持品牌企业参加国际知名展会、广交会、博览会等，发展品牌连锁店、专卖店、专业店、电子商务等符合现代流通发展趋势的新型流通销售模式，提高品牌的知名度和市场占有率。

四是加大品牌宣传力度，依托电视台、报刊、网络等主流媒体，制定并实施贵州消费品品牌宣传行动计划，营造"贵州品牌·信赖首选"的舆论氛围，打造贵州综合新名片。

五是建立健全品牌保护机制，加强对知名品牌产品质量的监督检查，加大

对仿冒、伪造名牌等行为的打击和惩处力度，着力营造良好的品牌发展环境。

（三）强化创新驱动，积极优化产品层次

一是加快推进消费品领域各行业技术升级与改造，鼓励和推动企业进一步提高技术水平和产品附加值，加大研发力度，不断推出新产品，丰富和细化产品种类。

二是以市场需求为导向，引导和支持企业紧跟消费结构升级趋势，有效汇聚优势资源，着力推动产品向精细化、梯度化发展，重点打造具有特色的差异化精品，实现产品从初级生产向精深加工、从中间产品向终端精品、从一般产品向知名品牌转变，持续提升中高端产品的有效供给服务水平。

三是引导消费品企业探索基于互联网的个性化定制、众包设计等商业模式的创新。支持企业通过互联网获取大数据，对接中高端消费群体的个性化需求，开展消费者个性需求与产品设计、生产制造精准对接的规模化定制，加快消费品工业各行业产品生产模式向定制化、精准化方向转型。

（四）强化招商引资，促进产业做大做强

一是集中资源要素，强化招商引资，形成集聚效应，打造特优品牌，促进消费品工业做强做大做优。

二是积极开展各项招商引资活动，围绕优势产业集群发展，瞄准世界 500 强、国内 500 强、行业 100 强，有针对性地开展精准招商、专业招商，着力招引一批产业链长、关联度强、科技含量高、财税贡献大的平台式项目，推动优势产业集聚发展。

三是建立招商引资项目推进和协调机制，重点统筹推进消费品领域相关重大项目，围绕项目进行有针对性的协调会审，有效协调和解决消费品领域重大招商引资项目的相关政策扶持、要素保障、区域空间布局及落地服务等问题。

三品战略篇

第九章

典型地区三品战略研究

第一节 宁乡市

宁乡市以打造中部地区消费品制造之都为战略目标，制定消费品工业"创三品、促四化"的发展战略，即"增品种、提品质、创品牌；绿色化、高新化、智能化、品牌化"。启动"2243"发展计划，巩固发展绿色食品与智能家居两大主导产业，加速提升时尚鞋服与妇孕婴童两大特色产业，重点实施科技创新增品种、智能制造提品质、工匠精神创品牌、深化改革优环境四大工程，加快培育30家消费品工业"三品"示范企业，稳步推进"三品"战略示范城市的创建工作。

一、基本情况

2018年，宁乡市规模以上消费品工业总产值506亿元，同比增长11.8%，占全市规模以上工业总产值的34.0%。全市消费品工业企业合计超过500家，以绿色食品、智能家居、妇孕婴童及时尚鞋服等产业为主导，汇聚了格力电器、美的智能、海信科技、华润怡宝、加加食品、洽洽食品、圣得西、忘不了等一批国内外知名企业。

技术实力明显提升。全市消费品领域拥有省级以上企业技术中心11家，省级以上工业设计中心2家。2018年，新增授权专利1856项，实现技术合同登记金额4.7亿元、技术交易额1.67亿元，新增高新技术企业63家；宁乡经开区获批国家知识产权试点园区、国家小型微型企业创业创新示范基地、湖南湘江新区双创示范平台。

转型升级效果显著。宁乡经开区获批国家级绿色园区、中国食品工业示范区、长沙经济带国家级转型升级示范开发区、中国卫生用品安全示范园，楚天科技荣获国家工业和信息化部"制造业单项冠军产品"称号。

创新能力不断加强。加加食品自主研发的高氨基酸转化技术转化率达70%，荣获"湖南省民营企业100强"称号和首届长沙市市长质量奖；加加食品、康程护理获批省科技创新计划项目；皇氏集团优氏乳业获批省百项专利转化推进计划重点专利技术转化项目。

两化融合成果丰硕。格力暖通成功申报国家工业和信息化部工业转型升级绿色制造系统集成项目、绿色工厂及国家级智能制造示范企业；加加食品、格力暖通等5家企业获批国家级智能制造示范企业。宁乡市全面落实2018年湖南省中小企业"上云"行动计划，1655家企业成功上云，最大程度对接社会资源，组织"苏宁云商"等电商企业搭建网络销售平台。

名品名牌不断涌现。截至2018年年底，宁乡市共拥有世界名牌产品1件、国家地理标志产品2件、中国驰名商标27件、湖南省著名商标96件、获得中国质量奖1项。消费品工业企业的商标品牌意识日趋浓厚，增长势头良好。

二、三品战略

（一）增品种

1. 大力推进产业链建设

针对食品饮料、智能家居、孕婴童及时尚鞋服等6条消费品工业优势产业链，制定《关于加快推进宁乡市工业新兴及优势产业链建设行动计划（2018—2020）》。成立优势产业链建设领导小组，下设产业链调度办公室及6个产业链推进办公室，分别配设招商小分队、科技顾问组、产业联盟，由市领导亲自挂帅，推进消费品工业转型升级。

2. 深入开展产业研究

成立宁乡工业技术研究院，引进科研机构的高水平人才，邀请科技顾问组专家和企业研究团队加入，重点开展产业发展的核心技术、前沿动态、发展趋势等方面的研究，初步制定了宁乡市消费品工业产业链"现状图""全景图""项目库""客商库"和六大产业链分析报告，为宁乡市产业培育和招商引资工业提供重要的信息和依据。

3. 针对性开展招商引资工作

围绕六大优势产业链的建链、补链、延链、强链，市委、市政府主要领导赴京津冀、长三角、珠三角等地区开展针对性招商活动，充实招商专员长驻外地招商，2018年9月至12月，集中开展产业链招商百日大会战活动，2018年新引进工业项目130个，其中投资规模在亿元以上的项目101个、10亿元以上的项目13个。

4. 扩大"消费品之都"吸聚效应

举办食品、孕婴童及时尚鞋服产业等产业发展系列主题活动，着力架起宁乡与其他先进地区交流合作的桥梁，以更加开放的姿态打造中部地区消费品制造之都。制定优化营商环境33条，提出"2345"审批时限标准，在全省率先实现中小微企业认定"全程网办"，取消行政审批中介服务事项12项，22项行政审批中介服务事项纳入政府采购。降低工商业电价标准，金融机构累计为企业放贷8.9亿元，市财政发放各项补贴资金4870.5万元，积极推进商事制度改革。2018年，全市共有市场主体80844万户，同比增长15.4%。

（二）提品质

1. 强化政策导向

重视政策导向的关键作用，出台《关于加快推进科技创新能力建设的意见》《加大全社会研发经费投入行动计划（2018—2020年）》《关于支持工业企业智能化技术改造项目实施细则》等政策措施，安排5000万元科技专项资金，支持企业科技成果转化、高新产品开发、研发平台建设、智能化技术改造，激发企业技改积极性。成立长沙智能制造研究总院宁乡分院，聚集高校、科研院所、软硬件及系统集成供应商等各类资源，为企业提供技术服务渠道。

2. 优化平台体系

自主建设宁乡市域协同制造服务平台，推动企业间的信息共享、资源互通和产能释放；实施"走出去、请进来"战略，推进企业与高等院校、科研院所深入合作，拓展科研成果转化路径。建立健全以食品产业链为主的消费品产品全过程质量安全追溯体系。

3. 提升行业品质意识

深入开展"进园区、进企业、送服务"行动，全年共举办智能制造培训 20 多场次、培训消费品企业 200 多家；广泛开展"劳动模范""优秀工匠""技术标兵""青年岗位能手"等评选活动，显著提升企业层面和技工层面的品质意识。目前，全市共有 93 家企业启动了智能化改造，其中消费品工业企业 30 家。

（三）创品牌

1. 坚持发展品牌经济

品牌建设以企业为主、政府推动、社会参与，对细分领域具有较强竞争力的"小巨人企业"进行精准培育，鼓励发展成为单项冠军、隐形冠军，围绕宁乡食品品牌建设，邀请相关生产性企业 40 家，召开宁乡特色食品"品牌之路"研讨会。

2. 做大做强品牌产品

大力培育自主品牌，打造宁乡消费品工业品牌产品，设立专门的品牌建设奖，实施驰名商标奖励 20 万元、地理证明商标奖励 20 万元，马德里商标奖励 10 万元等措施，极大地激发了市场品牌培育意识，有效引导企业走向品牌建设之路。

第二节　郑州市

郑州市以"强化创新转型升级、加快建设国家消费品工业强市"为目标，深入贯彻落实国家、河南省关于消费品工业"三品"战略的有关决策部署，从供给和需求两端发力，着力提升消费品有效供给能力和供给水平，突出区域特色和产业特色，围绕增品种、提品质、创品牌实施消费品工业"343"专项行动。将"三品"战略作为增强消费、拉动经济、促进消费品工业迈向中高端的重要抓手和目标方向。

一、基本情况

2018 年，郑州市规模以上消费品工业产值超过 5500 亿元，同比增长约 8%，占全市工业总产值的 50%以上，其中，消费电子产值超过 3000 亿元，同比增长约 9%；轻工业（纺织服装、家居）和食品工业产值均超过千亿元。郑州市坚持把消费品工业作为全市的基础性、民生性、战略性产业，已成为全市工业发展的重要支撑。

深化"放管服"改革。进一步简化审批流程，围绕消费品行业企业生产经营、项目建设和公共服务事项办理的全周期、全链条，集成部门职责，再造业务流程，制定"一次办妥"事项清单，压缩办理时限，减少审批环节。

切实减轻企业负担。积极开展降低消费品工业企业成本行动，严格落实国家降低企业负担政策，制定出台降低企业交易、人工、物流、财务等成本和税费负担的政策措施，全面实施涉企收费目录清单管理，营造消费品生产企业发展的良好环境。

着力提升政务服务信息化水平。构建"一网通办"政务服务体系，推进线上线下深度融合、数据共认共享、前台后台无缝衔接，切实提高业务办理协同性、及时性、高效性、准确性，政府对消费品工业企业的服务能力大为提升，为企业营造一流的营商环境。

产品开发成果丰硕。食品工业，好想你食品的真空冻干系列产品，达利食品的豆本豆饮料，东元食品的即食生食发酵火腿等一批新口味、新包装产品深受市场欢迎。家居和品牌服装产业，依托领秀、云顶、黛玛诗等龙头企业共增加 340 余种新产品。现代家居产业，依托大信、雅宝、花都等龙头企业共增加 120 余种新产品。

企业实力不断提升。三全、思念在国内速冻米面食品市场占有率分别超过 30%、20%，好想你枣业股份公司位居国内枣制品市场占有率首位，阳光油脂成为我国中西部地区最大的食用油脂和植物蛋白生产加工企业，博大面业的挂面生产规模位居全国前三强，金星啤酒销量位居河南首位、全国五强。

两化融合深入推进。积极推动消费品工业与新一代信息技术深度融合，发展智能制造，加快提升消费品工业产品品质。2018 年，海尔电器、太龙药业、领秀服饰、紫光物联等 12 家企业获得国家工业和信息化部两化融合管理体系评定认证。

二、三品战略

（一）增品种

1. 推进创新平台建设

将创新平台建设作为增品种的重要抓手。截至 2018 年年底，郑州市消费品工业共拥有省级及以上技术研发平台 87 个，龙头企业研究与开发（R&D）

经费投入占比超过2.5%。其中，消费电子产业，拥有郑州市智能制造企业技术中心、河南省智能手机工程研究中心、河南省智能交互感知智能终端工程技术研究中心等7个省市级研发中心。食品工业，建有国家级企业技术中心4家，省级企业技术中心19家，市级企业技术中心20家，三全、思念均设立速冻食品行业博士后科研工作站。家居和品牌服装产业，酷云女裤产业互联网平台、大信橱柜私有云计算中心等信息平台建设成果显著。

2. 强化项目支撑

强化项目对产业发展的支撑作用，2018年，郑州市224个重大消费品工业项目共完成投资496.1亿元。其中，修正药业河南医药生产基地、华锐光电等91个项目开工建设，河南仲景药业生物医药生产线建设项目、好想你年产1万吨电商代工红枣等75个项目顺利推进，河南中烟技术中心科技园、郑州顶益食品有限公司增资新建方便面生产线等67个项目建成竣工。积极推动奥克斯800万套智能家用空调生产基地项目实施，该项目计划总投资50亿元，全部达产后，预计每年可实现产值90亿元，创造就业机会6000余个。

3. 狠抓资金到位和政策落实情况

2018年，郑州市落实318家企业507个项目的制造强市奖励资金，合计4.07亿元，其中消费品工业项目152个，奖补资金2.3亿元，比上年度增加了近四倍。积极落实消费品工业税收政策、中小微企业扶持政策、人才引进和创新政策。

4. 加大研发投入

出台《郑州市加大科技研发投入实施方案》，强化财政资金对科技研发的支持力度，2018年，郑州市市级财政科技支出占一般公共财政预算支出的比重达到2.5%，新增15家市级企业技术中心、7家国家级企业技术中心、4家市级制造业创新中心、8家省级技术创新示范企业、3家国家级绿色示范工厂、4家省级绿色示范工厂、5家省级智能工厂（车间）。

5. 支持医药行业创新发展

大力支持生物医药企业加大创新投入力度，研发生产新产品。后羿实业2018年度新获国家发明专利12项、润弘制药获得4项、灵佑药业获得2项；郑州万通复升药业2018年新获自主知识产权的药品数量为3项，遂成药业获得1项、华南医电获得1项。

（二）提品质

1. 政策推动行业高质量发展

出台《郑州市人民政府关于郑州市建设中国制造强市若干政策的补充意见》、加快制造业高质量发展"1+N"政策体系、《郑州市人民政府办公厅关于开展"三品"专项行动加快制造业高质量发展的实施意见》等文件。明确提出加快消费品工业集聚发展，推动消费电子、食品、家居和品牌服装、生物及医药产业加快集聚、形成优势，支持消费品工业培育千亿级产业，加快产业集中布局、错位发展。

2. 组织质量标杆遴选活动

推荐21家拥有质量管理典型经验的企业参加2018年"河南省质量标杆"遴选，共有好想你、雏鹰农牧等6家消费品工业企业入选。同时，积极争取国家、河南省支持消费品工业创新发展的各项政策，着力推进全市消费品工业企业持续健康发展。

3. 两化融合助力转型升级

以两化融合推动产业高质量发展，培育新型生产方式和商业模式，拓宽产业发展空间，充分应用大数据、云平台等新技术，通过并购、合作等方式发展专业电商平台或引导企业入驻知名电商平台，积极布局电子商务销售渠道，实现线上线下一体化营销，推动销售转型。

（三）创品牌

1. 组织参与品牌推介活动

将参与品牌推介活动作为创品牌战略常态化的重要手段，通过大型活动与行业发展的先进地区、先进企业开展学习交流，同时，加快企业走出去步伐，组织企业参加全国药交会、器械会等国内知名展会，支持鼓励企业为消费者生产提供信得过产品和专业化服务。

2. 推进品牌评选认定

鼓励和支持企业参与品牌评选和认定。轻工行业，领秀服饰、云顶服饰荣获国家工业和信息化部"重点跟踪培育纺织服装终端消费品牌企业"称号，云顶服饰获河南省青年时尚促进会颁发的"最具影响力品牌"称号，黛玛诗获颁

"河南省优秀非公有制企业品牌"。璟逸服饰被评为2018年度"十佳服装新锐品牌";雅宝家具在第二十四届中国国际家具展览会上荣获"中国家具产品-客厅系列创新奖银奖"称号。医药行业,"太龙"获中国驰名商标称号,拥有韩都、润弘、润坦等一批省级著名商标。

3. 打造智能手机"名片"

稳定富士康整机产能,实行"一主多辅"代工模式,加快OPPO、华为等国内外知名智能终端企业落户郑州,推动已落地企业向高端化发展,建设品牌智能手机生产基地。截至2018年年底,智盛永道、河南明瑾电子科技、河南省航丰智科技、河南凯德伦精密工业制造等66家手机企业相继投产。

4. 创建特色纺织名城

积极创建纺织名城,效果显著。郑州四棉"多功能阻燃毯"荣获中国纺织工业联合会颁发的2018年度"全国十大类纺织创新产品"称号。领秀服饰采用批量生产和个性化订制相结合的方式,新增羊毛裤、蚕丝裤等28个新品种,成为亚洲最大、品种最全的专业女裤生产企业。云顶服饰全国新增旗舰店748家,连续七年位居天猫平台女裤销量榜首。

第三节 南通市

南通市大力推进消费品工业"三品"专项行动,进一步优化消费品工业的产业结构和区域布局,全面开展消费品工业"增品种、提品质、创品牌"专项行动,引导企业实施创新驱动、提升服务能力,加快消费品工业自动化改造。全市消费品工业高质量发展取得显著成效,消费品市场保持平稳运行,消费规模稳步攀升。

一、基本情况

2018年,南通市规模以上消费品工业主营业务收入超过4600亿元。

"三品"工作机制不断完善。建立市、县工作联动机制,加强"三品"战略工作组织领导,组建"三品"培育工作专家咨询服务团队,发挥相关行业协会、南通市纺织产业联盟和医药食品产业联盟等桥梁纽带作用,通过产业咨询、体检会诊,定期对产业发展现状进行精准深入分析,摸清优势、短板和问题,推动"三品"战略工作有序开展。

质量建设成果突出。紫罗兰家纺荣获2018年"江苏省质量奖提名奖",

鑫缘茧丝绸等4家企业获得2018年"江苏省消费品工业'三品'示范企业"称号，郭承毅等4位工艺美术大师获颁2018年度"江苏省工艺美术大师示范工作室"。

创新能力持续增强。江苏金秋弹性织物有限公司技术中心等4家中心被认定为省级企业技术中心，金轮针布（江苏）有限公司的江苏省高速高产梳棉机用梳理器材工程研究中心被认定为省级工程研究中心，恒绮纺织有限公司等55家纺织企业被认定为高新技术企业。

名品名牌不断涌现。2018年，南通市共有5家食品企业入选"长三角名优产品"，江苏联发纺织、紫罗兰家纺获得2018年度"苏浙皖赣沪名牌产品100佳"称号；新世嘉纺织公司的"NEWSEGA"商标获批中国驰名商标。

二、三品战略

（一）增品种

1. 推动行业转型升级

对全市纺织服装、生物医药、轻工和食品等行业产业发展状况进行调查，分别形成产业发展报告，研究出台《关于加快培育先进制造业集群的实施意见》《南通市发展工业互联网推进企业"上云"三年行动计划》《南通市智能制造三年行动计划》等系列政策文件，编制《消费品工业政策文件汇编》。

2. 增强优质消费品供给能力

建立骨干消费品企业的联络机制，跟踪培育消费品工业龙头骨干企业，着力打造多门类通作精品。推动紫罗兰家纺与南通纺织丝绸产业技术研究院、大生集团与江南大学、文凤化纤与中国科学院宁波材料技术与工程研究所分别签订产学研合作协议。

3. 组织开展行业交流活动

举办2018张謇杯·中国国际家用纺织品设计大赛、第三届南通文化创意设计大赛、江苏省第四届红木雕刻大赛、高端纺织高质量发展路径交流会、2018中国家纺质量大会暨纺织行业（家纺）质量提升工作交流会、第十一届中国（川姜）家纺画稿交易会等赛事活动。组织召开"南通高端纺织发展与特色棉花种植"专题座谈会。

4. 推进产业合作机制建设

以各种方式推进产业链各方的深化合作，建立高端纺织产业联盟、生物医药和食品产业联盟，每季度召开联盟例会，邀请政府职能部门、金融机构和大专院校负责同志、知名专家学者出席例会，为企业答疑解惑，量身定制个性化金融产品，促进本地上下游企业、相关高校、科研院所、金融机构深度开展技术、生产、市场、资金合作。

（二）提品质

1. 推动招商引资工作

深化产业发展研究，坚持以调查研究作为开展行业招商引资工作的依据，制定全市消费品"三品"发展规划，分别编制《南通高端纺织产业发展报告（2018—2022）》《南通市高端纺织产业发展招商指南（2018年）》《南通市生物医药产业发展招商指南（2018年）》《南通市高端纺织产业上海招商手册》和《全国棉纺织行业招商指南》，为招商引资工作提供指导。

2. 加强形势研判和行业引导

密切关注国际国内产业发展动态，立足南通市及周边地区贸易环境变化情况，开展形势分析、预警分析、案件应对等工作。将政策文件下发至全市各个产业特色园区及龙头骨干企业，用以指导全市产业发展、转型升级、企业提质增效。

3. 加大行业治理力度

开展家具、包装印刷行业清洁原料替代和治理工作，54家企业全部如期完成替代；组织企业参加《电动自行车安全技术规范》强制性国家标准宣贯活动；开展《食盐定点生产企业和食盐定点批发企业规范条件》宣贯，对全市食盐定点批发企业进行销售许可现场考核。

4. 鼓励企业参与标准制修订

把鼓励和支持企业参与标准制定作为提品质工作的重要方面，2018年，南通市纺织企业共同主导或参与起草国家标准3项，行业标准11项。全国纺织品标准化技术委员会棉纺织品分技术委员会机织衬衫标准化工作组在海汇科技公司成立，印染制品分技术委员会特殊整理棉印染布工作组在金太阳科技公司成立。

（三）创品牌

1. 推进示范城市的创建和诚信管理体系建设

南通市全力推进第三批国家食品安全示范城市创建，中期评估已经通过，2018年10月，获得国家工业和信息化部2018年"消费品工业'三品'战略示范城市"称号。举办南通市食品诚信管理体系国标宣贯暨红梅乳业诚信管理体系建设现场会，组织新中酿造等企业参加江苏省食品企业诚信管理体系贯标培训。

2. 开展智能制造试点示范

支持企业开展智能制造试点示范工作，2018年，江苏联发纺织股份有限公司面料智能制造车间等4个车间被认定为"江苏省示范智能车间"，江苏老裁缝家纺被芯套件智能车间等4个车间被认定为"南通市示范智能车间"，罗莱集团荣获中国纺织工业联合会首批"纺织行业智能制造试点示范企业"称号。

3. 组织开展品牌推介活动

组织大生集团等35家纺织服装企业参加江苏（盛泽）第五届纺织品博览会，在第二十届江苏国际服装节上组建南通纺织新材料成果展，组织食品企业参加第十届中国西安国际食品博览会，组织纺织企业参加中国纺织工业联合会在上海举办的春秋季和秋冬季中国国际家纺、面辅料、服装服饰博览会，组织双弘公司参加在孟加拉国举办的国外纱线展，组织东帝纺织公司参加在法国巴黎举办的国际服装贸易展览会。

第四节　芜湖市

消费品工业是芜湖市的传统优势产业，经过改革开放40年的发展，逐渐形成了以家用电器、纺织服装、农副产品深加工为龙头，新一代信息技术、生物医药、绿色食品等高成长性产业同步发展的覆盖面较广、结构相对完整的消费品工业体系。近年来，芜湖市以推进消费品工业"三品"战略为工作抓手，采取多种措施，加快推进消费品工业转型发展。

一、基本情况

2018年，芜湖市规模以上消费品工业实现主营业务收入2258.4亿元，利润总额126.1亿元，同比分别增长9.1%和5.7%，居全省前列。

深化财政扶持工作。认真落实国家及安徽省有关优惠政策，清理不合理的规费，切实减轻消费品工业企业负担。做好项目遴选和储备工作，综合运用补助、贴息、奖励、股权等方式，加大对重要项目、重要园区、重要公共服务平台及企业新产品研发、技术改造、技术创新、品牌宣传、兼并重组、质量安全保障体系建设等方面的政策和资金支持力度。

加大金融支持力度。支持消费品工业稳增长调结构增效益，鼓励和引导银行加大对消费品企业的信贷支持力度，支持企业通过上市、发行债券等渠道直接融资，努力减轻企业融资难、融资贵等问题。支持企业创新发展，促进技术研发和成果转化。

完善中小企业扶持体系。实施中小企业和民营经济成长工程，发挥国家中小企业发展基金的引导示范作用，加大对企业技改和设备升级的支持力度，推动企业结构调整、技术进步、节能减排，落实相关税费优惠政策，降低企业"五险一金"等成本支出，合理调整消费税政策。

二、三品战略

（一）增品种

1. 激发企业活力

从政策层面激发企业活力，营造良好市场环境，加强重点企业和重要项目的要素供给保障，全面贯彻落实国家及安徽省有关全面深化改革的决策部署，大力推进简政放权，减少和下放行政审批权，简化行政审批手续，加快推广应用负面清单制度。

2. 增强优质消费品供给能力

支持消费品企业挖掘市场需求，提升创新能力，丰富产品品类。开展安徽省高新技术产品、信息消费产品评选活动；支持铁画等工艺美术企业创新发展；推动工程技术研究中心、重点实验室、企业技术中心等研发机构创建工作，保障药品和其他消费品优质原料供应。

3. 建设高科技人才队伍

结合安徽省千人计划、万人计划、皖江学者计划、芜湖市产业振兴千名人才计划，依托院士工作站、博士后工作站，加强国内培养和国外引智，依托重大科技专项、重点项目、产学研联盟建设高科技人才培养基地，加快建设具有较强创新能力的高科技人才队伍。

4. 推进人才培养和职业教育体系建设

积极开展与国内外高校、科研院所的战略合作，实现从单一项目研究向资源共享、人才交流培训等全方位合作发展，培养高端技术人才、管理人才。依托职业教育机构，以定向或订单等方式加快培养消费品工业发展急需的生产、销售、物流等方面的专业人才，加快构建面向消费品工业的职业教育体系。

5. 优化创业创新环境

全面贯彻落实国家及安徽省关于"大众创业、万众创新"的工作部署，依托重点园区，搭建双创平台，着力营造创业创新环境，积极吸引人才赴芜湖市开展创业创新活动。依托国家各类人才计划，引进培养高端复合型管理人才，培养优秀企业家群体。

（二）提品质

1. 开展标准对标和质量提升工作

鼓励企业与国内外先进标准进行对标，支持企业主导或参与国家标准、行业标准制定；建立和完善产学研协同创新机制；深入开展中国质量奖、安徽省政府质量奖、芜湖市政府质量奖等奖项评选工作；推进质量检测和检验认证，加快发展第三方质检认证服务。

2. 推动两化融合和企业技改

推动消费品工业企业两化融合建设，大力推进两化融合管理体系贯标工作，支持鼓励消费品工业企业开展技术改造、技术创新工作，不断提高装备工艺和生产水平。鼓励企业增加绿色产品研发投入，在政府采购中优先选择获得绿色产品认证的产品。

3. 加强行业监督管理

落实食品、印染、医药等行业的产业政策和准入条件，加强行业管理；完善消费品工业标准化体系，提升行业标准化水平；构建诚信经营的网络市场环境，严厉打击违法违规经营行为，规范发展电子商务；对消费品行业新业态、新模式，支持创新发展，激发活力，同时，严格依法监督，防范风险，完善安全风险评估和伤害检测机制，建立健全"黑名单"制度。

（三）创品牌

1. 营造品牌培育生态

培育引导具有较强影响力的消费品牌设计创意中心、广告服务机构。大力支持中国驰名商标、安徽省名牌产品的培育工作。积极组织消费品工业企业走出去，参加"安徽产品全国行"和"中国（合肥）家电博览会"等国内外各种大型会展，提升品牌知名度。

2. 鼓励金融机构支持品牌建设

进一步发挥开发性金融、政策性金融作用，鼓励银行业开发企业无形资产质押贷款业务，支持本地消费品工业领域品牌建设；加大出口信用保险支持力度，积极开展针对品牌企业的出口信用保险保单融资业务；通过创新发展项目融资、出口信贷、行业贷款等多种手段，构建金融服务平台，为企业在参与国际化研发、建设生产体系、品牌推广等方面提供服务。

第五节　漯河市

漯河市是全国首家"中国食品名城"，先后培育出世界最大的猪肉加工企业双汇集团、驰名中外的食品加工企业南街村集团、世界知名的绿色天然色素供应商中大生物、中国辣味休闲食品第一品牌平平食品等一批知名食品企业。近年来，漯河市大力推进以食品工业为主导的消费品工业发展，通过深化体制改革、优化产业结构、推动技术进步、加强安全监管等多种措施，促进了相关行业的健康发展。

一、基本情况

2018年，漯河市规模以上食品工业增加值、主营业务收入、利税总额均稳居全省第一。截至2018年年底，全市拥有规模以上食品企业153家，规模以上工业增加值占全部工业的"半壁江山"，实现主营业务收入占全省食品工业的六分之一，年上市新产品超过300种。

龙头企业实力不断提升。双汇集团、南街村集团入围"全国食品工业百强"，雪健、亲亲、龙云等8家企业入围"河南省百强工业企业"，设立全省首家商标受理窗口。推进知识产权工作，设立国家知识产权局商标局漯河商标受理窗口，为全省首家。

食品名城优势凸显。2018年，漯河市委、市政府提出"四城同建"工作布局，其中将"打造具有全球影响力的中国食品名城"作为重中之重。截至 2018 年年底，漯河市食品工业拥有河南省名牌产品 27 种、著名商标 64 个、中国名牌产品 4 种、驰名商标 6 个。

创新能力持续加强。全市食品行业共拥有博士后科研工作站 4 个、博士后研发基地 2 个、院士工作站 2 个、省级工程技术研究中心 10 家、国家级高新技术企业 4 家、全国主食加工示范企业 4 家，以及国家肉制品质量监督检验中心、国家肉及肉制品检测重点实验室两个"国"字号食品检测机构。

战略重组深入推进。13 家食品企业成功进行了战略重组，引进投资 16.1 亿元，双汇集团母公司万洲国际继 71 亿美元成功并购美国史密斯菲尔德食品公司后，出资 1.45 亿美元收购了美国综合猪肉产品生产加工商 Clougherty（克勒赫蒂）。

二、三品战略

（一）增品种

1. 强化政策引领

坚持以政策引领作为行业持续健康发展的重要抓手，先后出台《漯河市中国食品名城建设的实施意见》《支持工业经济健康发展若干政策措施》30 条、《促进全市白酒业快速发展的实施意见》《烟草业转型升级专项工作实施方案》等极具含金量的政策措施，受到广大企业的一致好评。

2. 加强行业基地建设

一是全力打造食品原料生产基地。目前，全市食品工业拥有国家级农业产业化重点龙头企业 5 家、省级龙头企业 29 家、市级 38 家。

二是建设食品研发、交易基地。目前，漯河市休闲食品加工技术协同创新中心、漯河市食品产业公共研发平台、漯河食品批发交易市场、豫中南（速递）物流产业园、中国供销·豫中（临颍）电商物流园等专业园区相继建成，国内知名的"四通一达"快递龙头企业全部落户进驻。

3. 推进创新能力建设

注重行业企业创新能力和人才素质提升工作，与中国科学技术大学合作建立科技园，与中国科学院老专家技术中心共建漯河工作站，与江南大学建立长期全面合作关系，成立河南工业大学漯河工学院（本科学院）。先后在上海、青岛、大连、无锡等地举办研修班，提高企业家素质。

4. 加大资金支持力度

以切实的政策措施加大对行业企业的扶持力度，陆续出台《助推小微企业健康发展 20 条措施》《人才引进培养激励暂行办法》，市政府设立 2.9 亿元的企业信贷周转基金，成立 14 家融资性担保机构和 10 家小额贷款公司，成立 3 亿元的食品产业投资基金，帮助企业融资。

（二）提品质

1. 推动产业转型升级

明确创新驱动产业升级的发展思路，陆续出台《关于加快创新驱动发展的实施意见》《食品产业科技创新提升行动方案》《漯河市工业扩量提质转型升级行动实施意见及"三大改造"（智能化、绿色化、企业技术）攻坚方案》等文件，提出"十百千"亿级企业及产业集群培育、小升规培育、小升高培育三大工程。

2. 开展带动示范工程

以龙头企业、标杆企业的带动示范引领行业高质量发展。培育双汇集团、南街村集团成为国家级两化融合贯标试点企业，打造联泰食品、三剑客农业等"河南省智能车间"。双汇集团与京东生鲜联手推出"筷乐亿家"电商平台，卫龙商贸、金龙面业和三剑客农业被确定为省级电子商务示范企业，实现了"互联网+食品"的有益尝试。

3. 推进行业标准化建设

积极推进行业标准化建设，鼓励企业参与标准制修订，出台《漯河市市长标准奖管理办法》《关于推进标准化建设的奖补办法》，80% 的规模以上企业导入卓越绩效管理模式，全市共发布农业地方标准 248 项，主导起草《河南省生猪养殖标准体系》等 20 多项省级地方标准，参与制定、修订与食品有关的国家和行业标准 39 项，产地认定和产品认证数量居全省前列。

4. 切实加强监管工作

加强质量检验检测工作，在全市建立 328 个涉农产品检验检测机构和站点；推进基地认定和产品认证，深化全国肉类蔬菜流通追溯体系建设和试点城市建设，累计投入资金 4256.5 万元，项目获国家商务部通报表扬，为消费者的菜篮子上了一道"安全锁"。

5. 营造全民监督氛围

深入开展全国质量强市示范城市创建和市长质量奖评选工作，设立诚信红黑榜，形成人人关注、人人重视、人人支持、人人参与的食品质量安全工作的浓厚氛围。在全省率先成立市公安局食品安全犯罪侦查支队，为维护食品企业合法权益提供了强有力的安全保障。

（三）创品牌

1. 打造食品名城特色标杆

支持漯河市食品工业协会、食品机械与加工行业协会、食品安全协会、酒业协会发展，吸纳会员企业521家；成立由市委常委挂帅的"持续做大做强食品产业合力团"；开展全市企业服务年活动，成立"企业服务团"；设立首席企业服务员，项目建设、服务企业、城建重点工作周例会制度，受到国务院总理李克强同志的亲笔批示。

2. 开展品牌创建工程

创新财政、政府考核体系等方面的政策体系，通过实施品牌战略，引导食品企业增强品牌意识，市财政部门设立专项资金，对荣获中国名牌和河南省名牌产品的企业给予奖励，把实施品牌战略作为目标任务，列入各县区和部门的目标考核体系。

3. 丰富品牌文化内涵

借助双汇、南街村等知名食品企业的巨大优势，鼓励企业发展生产、销售、展示、旅游为一体的企业文化旅游，2018年，漯河市食品企业文化旅游年参与人数突破50万人次。

4. 积极推动品牌推介

积极把"双汇""南街村""中国食品名城"等品牌符号推向市场、推向全国，向产业上下游和相关产业延伸。目前，双汇集团已在全国20多个省市设立了40多个子公司，产品走出国门，最大限度地发挥了品牌效应；"电商网红"平平食品跻身天猫休闲食品销量十强，卫龙魔芋爽成为南方航空飞机餐组成部分，卫龙辣条成为荣登美国断货排行榜的"奢侈食品"。

5. 发展节会经济

自 2003 年起，连续成功举办中国（漯河）食品博览会，加速食品产业优势资源向漯河集聚，第十六届食博会首次尝试"市场化"，2300 个国际标准展位提前两个月售罄，868 家企业携 5 万余款商品参展，实现项目签约额 221.5 亿元、贸易采购额 403.7 亿元。

第六节 晋江市

消费品工业是晋江市的传统优势产业、工业经济的重要支柱。近年来，晋江市以实施增品种、提品质、创品牌的"三品"战略为抓手，推动供给侧结构性改革，提高优质消费品的有效供给能力，助推消费品工业提质升级。

一、基本情况

2018 年，晋江市规模以上消费品工业总产值 3938.7 亿元，同比增长 13.3%，占全市规模以上工业总产值的 78.3%，继续保持良好的发展态势。

政策扶持体系不断完善。更加突出"精准滴灌"，形成 11 项产业扶持政策，扶持方向覆盖制造升级、质量提升、品牌培育、金融资本、股权投资、集成电路、科技创新、人才工作等方面，全年为企业兑现经济发展扶持资金 15.3 亿元。

创新能力高速发展。2018 年，晋江市新增国家级高新技术企业 50 家、省级科技"小巨人"领军企业 28 家和"国"字号科研机构 1 家，新认定省级工业设计中心 2 家、省级创新型企业 4 家。浙江大学技术转移中心、中国制浆造纸研究院落户晋江。泉州（晋江）专利技术展示交易中心新增技术成果近 7000 项，专利申请量突破 1 万件，授权量超过 5700 件，全市每万人有效发明专利达 8 件。

品质提升成果突出。新增华宇织造等 2 家国家级智能制造示范项目、婴舒宝等 6 家省智能制造试点示范项目、361 度等 14 家省级智能制造重点项目，规模以上企业智能化、数控化装备应用率达 48%。截至 2018 年年底，全市已拥有国家级服务型制造示范平台 1 个，省级服务型制造示范企业 6 家。

质量管理效果显著。2018 年，全市工业产品质量省级监督抽查合格率达到 95% 以上，其中，浔兴拉链、361 度获评"省级质量标杆企业"，安踏、乔丹、劲霸等 11 家企业入选"省政府质量奖三年（2019—2021）滚动培育与发展计划"的榜单。

品牌竞争力持续增强。安踏携手方源资本、腾讯等公司组成投资者财团，以46亿欧元向始祖鸟母公司亚玛芬发出收购要约，成为近年来国内运动领域规模最大的一笔收购交易；百宏公司在越南投资3.5亿美元建设聚酯瓶片业务及涤纶长丝项目，预计年内逐步投产；恒安公司在俄罗斯投资纸尿裤项目、工业园项目，并以1166万欧元认购芬浆发行股本约36.5%的股份；盼盼食品设立3个海外研发中心，对接境外优质研发资源。2018年，安踏、恒安上榜《福布斯》"全球上市公司2000强""中国民营企业500强"。

二、三品战略

（一）增品种

1. 打造产业支撑载体

立足比较优势，创建一批消费品工业特色小镇。推动内坑镇入选"中国鞋都、拖鞋名镇"；以集成电路特色产业为核心，创建新塘"芯"小镇；以泳装产业链集群为核心，创建英林泳装时尚小镇等，不断构建产业支撑体系，着力打造消费品工业新地标。

2. 搭建配套服务平台

持续推进晋江时尚服饰织造园建设，园区首期面积4500多亩，打造国内外领先的高科技织造基地和消费品交易中心，目前已有43个项目签约落地。建设晋江国际鞋纺城，项目总规划面积7900亩，项目总投资80亿元，2018年项目一期投入运营后，商铺入驻率达92.6%，交易额122亿元，全力打造全国乃至亚太地区重要的原辅材料集散中心。

3. 提高创意设计水平

举办第5届海峡杯工业设计大赛，大赛首次升格为由工业和信息化部指导，近百所高校和协会组团参赛的大赛，累计收到有效作品12351件。举办第5届晋江海峡两岸大学生设计营，促成晋江制造企业与海峡两岸高校学生进行产品设计对接，作品转化率达40%以上。系列赛事活动成为晋江市消费品工业企业与境内外设计优秀成果人才对接的重要平台。

4. 发力中高端产品领域

围绕国内外消费者需求，支持和引导品牌企业通过不断创新提升产品的品质和价值，打造高质感、高时尚的消费品。例如，361度跑鞋STRATA3被美国权威专业杂志《跑者世界》评选为TRE2019最佳新跑鞋之一，盼盼食品相继服务2018年金砖厦门会晤、博鳌亚洲论坛、上海合作组织青岛峰会等国际顶级会议。

5. 发展地区特色消费品

加大地区特色消费品保护力度，2018年，"晋江紫菜"获得农业农村部农产品地理标志登记保护，成为全市第12个入选地理标志认证保护的产品；继续推进"安海土笋冻"农产品地理标志登记保护申报工作。通过把传统工艺优势转化为产业优势，打造晋江"食品名片"。

（二）提品质

1. 实施智能制造和服务型制造战略

推广落实扶持政策，推动企业实施智能制造；发挥消费品工业产业链上下游协同效应，在供应链专业化发展、全生命周期管理服务、个性化定制服务等方面不断探索，深入推进服务型制造，例如，一品嘉为安踏、乔丹、361度等龙头企业及配套中小企业提供信息技术服务和原辅材料集采服务，助推平均订单完美交付率提升14.6%。

2. 加强质量管理

实施质量强市战略，承办福建省提升工业企业品牌管理培训交流活动，推广精益生产、六西格玛管理等国内外先进质量管理理念，引导企业建立和完善全员、全过程、全方位的质量管理制度；加强校企产学研合作对接，带动消费品工业提质增效。

3. 鼓励企业参与标准制修订

支持和引导品牌企业、龙头企业参与各级标准制修订工作，增强行业话语权。目前全市累计有3家企业参与2项国际标准、75家企业参与146项国家标准、91家企业参与194项行业标准、51家企业参与25项地方标准制修订；共有10个全国标准化工作委员会分委会秘书处（工作组）和1个省级标准化工作委员会秘书处参与国家标准、行业标准制修订。

（三）创品牌

1. 推进品牌队伍建设

支持晋江品牌企业对标国际国内同行，在生产、经营、竞争层面与全球市场全面接轨，提升晋江品牌影响力。突出推动品牌企业持续加大本市原辅材料采购、委托本地企业代工，促进一大批配套、协作中小企业协同发展。例如，信泰公司专注网布领域创新，服务阿迪达斯、斯凯奇、迪卡侬、NB、安德玛等国内外知名运动品牌供应链。

2. 支持开拓国际市场

引导企业抢抓"一带一路"倡议机遇，开拓国际市场，全年累计组织805家（次）企业抱团参加58个国内外知名展会，连续3年在广交会设立"晋江专区"，策划5场"中国晋江品牌海丝行"系列活动，引导拖鞋、泳装等特色产业建立行业联盟，抱团营销推广、共同分享订单，成功获评鞋类、服装、泳装、伞具等4个"国家级外贸转型升级基地"。

3. 提供品牌维权服务

一是开展"保护晋江知名企业商标品牌"专项行动，保护晋江市知名企业商标品牌，例如，协助安踏、特步公司处理11件"FILA"商标侵权事件、19件"特步"商标侵权事件等。

二是制定行业性企业维权援助中心工作规则，指导各行业协会设立企业维权中心，整合市场监管、知识产权、司法、媒体、专业律所等资源，为品牌企业维权援助提供全方位的配套服务。

第七节 泸州市

泸州市以消费品工业为主导产业，是我国著名的"酒城"。近年来，泸州市加快发展白酒、电子信息两大千亿级核心引擎产业，做大做强现代医药、特色食品、造纸和竹制品、包材类轻工业四大成长型产业，配套发展仓储、物流、工业设计、检验检测、金融服务等生产性服务业，着力培育和构建"2+4+X"现代消费品工业体系。

一、基本情况

白酒产业优势突出。2018年，泸州市规模以上酒业主营业务收入805.0亿元,同比增长 13.5%;利润总额 82.7 亿元,同比增长 26.3%;入库税金 67.1 亿元,同比增长 21.0%。其中,泸州老窖白酒销售收入 130.5 亿元,郎酒集团销售收入 102.3 亿元。

现代医药平稳发展。泸州市拥有绿叶宝光、科瑞德制药等 28 家医药生产企业。成功招引步长生物医药和新药产业化基地项目,与四川省中医药科学院、西南医科大学等科研院校签订战略合作协议。2018 年,泸州市医药产业实现主营业务收入 48.5 亿元。

消费电子发展迅速。依托高新区、长开区、江阳区江南科技园、纳溪区智能终端产业园等四个园区,全力引进手机整机、平板电脑、关键零部件等企业,大力发展智能终端产业。

创新能力不断增强。建成国家固态酿造工程技术研究中心、国家级科技企业孵化器、国家级众创空间,拥有各类创新机构 50 余个,新增 3 家省级企业技术中心,新认定合盛硅业(泸州)有限公司等 4 家市级企业技术中心。

招商引资日趋活跃。引进上海绿地集团,成功组建泸州绿地酒业公司;环球佳酿与国粹酒业成功重组,并入驻白酒园区,新建项目已启动;川酒集团与 135 家企业签订战略合作协议,成功并购红军杯酒业,成立川酒集团酱酒有限公司。

二、三品战略

(一)增品种

1. 加强顶层设计

切实做好新兴产业发展的顶层设计,先后制定印发《关于促进 2018 年工业经济创新发展的意见》《泸州市 "1+4" 两千亿级新兴产业目标任务攻坚突破实施方案》《泸州市推动工业高质量发展 2018 年行动计划》《进一步优化全市工业产业和园区布局的指导意见》《泸州千亿白酒产业三年行动计划》(2018—2020)、《关于推进供给侧结构性改革加快白酒产业整合发展的意见》等系列文件,支持消费品工业发展。

2. 增强行业服务能力

以增强行业服务能力作为政府支持产业发展的重要手段,形成市、县、乡三级联动帮扶企业工作机制。实施"一业一策、一企一策"分类指导,狠抓重点行业平稳增长。成立多家产业研究机构,为企业技术研发、攻关、试验检测、标准制定等提供综合性服务，开展特定产业发展、前沿技术等定制服务，突破关键技术与核心部件的制造瓶颈。

3. 强化项目支撑带动

加快推进占地面积3200亩、总投资74亿元的泸州老窖酿酒工程技改项目，占地1200亩、总投资50亿元的环球佳酿项目、"邻玉·中国酒镇"、世界白酒圣地、特色酒镇酒庄等13个重大项目建设，全市45个涉酒重点项目总投资403.1亿元，2018年度投资87.4亿元。

4. 推动经营模式多元化发展

推动原酒基金"酒业基金平台+原酒窖池集群"合作，已稳定合作窖池1.5万余口，收储优质纯粮固态原酒3万吨。川酒集团建立基酒供应链，与名酒企业签订基酒销售计划3000吨，在山东开设"富享川酒"连锁店2170家。

（二）提品质

1. 加强和完善各类管理体系

推动白酒等行业信用体系、生产管理体系高质量发展，形成细分行业的特色标杆，2018年，泸州市14个白酒产销体制创新试点研究案例成功入选自贸区创新案例库，创新发展白酒质量安全"全链条"综合管理模式；白酒信用体系建设加快推进，首部《2018年中国酒行业信用发展报告》在2018年酒博会期间成功发布。

2. 推动行业标准化建设

推动标准化建设成为行业持续健康发展的重要保障，2018年，国家标准化管理委员会确定"四川泸州白酒酒庄综合服务标准化示范项目"成为2018—2019年度国家级服务业标准化示范项目，为全国酒业首例。泸州老窖在原粮种植、生产包装等关键环节，建立比国家标准更为严格的200余项企业标准，参与制定国家标准9项、行业标准3项，抢占果酒、预调酒、定制酒、年份酒等标准高地。

3. 深入开展技改工作

推动巴蜀液酒业与劲酒集团合作，全机械化清香白酒车间年产能达5000吨；华明酒业与川酒集团合作，投资6000万元清香型白酒生产项目，将于

2019 年 6 月投产；泸州老窖与 IBM、埃森哲、德勤等公司合作，开展营销咨询、供应链管理、实施 SAP 等项目。

4. 推进行业绿色发展

开展环保督查问题"回头看"，解决企业污水处理难题，龙马潭区投资2300 万元实施酒企酿造废水处理工程，项目一期已通过验收，濑溪河、龙溪河流域酒类企业问题得到有效整改。

5. 组织经验模式推广活动

组织郎酒公司进行申报全国质量标杆的经验分享、酒业园区开展全国产业集群区域品牌建设的总结评价工作。以全面的经验总结、良好的模式推广，引导行业持续健康发展。

（三）创品牌

1. 打造"酒城"名片

积极打造"酒城"特色名片，大力发展品牌经济、丰富产业的文化内涵，"中国酒城·泸州"由中国轻工业联合会、中国酒业协会成功授名，将共建"中国酒城·泸州"。《泸州市白酒历史文化遗产保护和发展条例》于 2018 年 12 月 1 日起正式施行。

2. 发展会展经济

以酒博会作为行业年度重要活动，2018 年酒博会，来自 38 个国家和地区的 1200 多家企业携 5000 余款产品参展，酒类签约项目 271 个，意向签约 372 亿元。组织企业参加"2018 川酒全国行"南京站、郑州站，举办泸州产区推介会，共接待观展客商 3.7 万人、意向性交易额超过 1 亿元。

3. 实施商标战略

实施商标战略，是泸州市消费品工业发展的重要手段和有效举措，企业的品牌意识、商标意识位居全国行业前列，截至 2018 年年底，泸州市共拥有有效注册商标 20394 个，数量居全省第五，各级驰名商标 26 个，连续两届被评为"四川省商标战略实施示范城市"。

第八节 南充市

南充市全面实施消费品工业增品种、提品质、创品牌"三品"专项行动，积极改善全市消费品市场供给，满足人民群众消费升级需求，推动全市消费品工业迈向中高端。目前，已形成以轻工、纺织、食品、医药为重点，丝纺服装和特色食品为特色的消费品工业体系。

一、基本情况

2018年，南充市消费品工业保持较快增长，规模以上企业主营业务收入1766.9亿元，同比增长18.7%，高于全市规模以上工业增速2.9个百分点；占全市规模以上工业总收入的66.7%。

简政放权深入推进。深入推进简政放权、放管结合、优化服务改革，不断加大市场监管力度，深入开展打击制售假冒伪劣商品和侵犯知识产权专项行动，加大互联网领域侵权假冒违法行为惩治力度，市场竞争秩序和消费环境得到明显改善。

技改工作大力实施。2018年，完成工业投资224.5亿元，同比增长15.3%；完成技改投资156.2亿元，同比增长22.1%，分别进入四川省第一方阵。

创新能力持续加强，截至2018年年底，南充市消费品工业领域拥有省级企业技术中心23个、市级企业技术中心48个、省级工业设计中心2个、省级工艺美术大师11人、市级工艺美术大师10人。嘉美印染、民信高分子材料列入全省工业企业知识产权试点企业名单，鑫派电子、尚好桑茶院士（专家）工作站被认定为首批市级院士（专家）工作站。

品牌影响力不断提高。截至2018年年底，南充市消费品工业领域拥有中国驰名商标10个、中国丝绸协会高档丝绸标志3个、四川省名牌产品29个、地理标志证明商标7个、国家地理标志保护产品21个。拥有张飞牛肉、保宁醋、银河地毯、依格尔、充国香桃等一批知名品牌，川北凉粉、南充丝绸、川北剪纸、川北大木偶、川北皮影等区域品牌享誉海内外。

二、三品战略

（一）增品种

1. 加大政策支持力度

陆续出台《南充市实施"155发展战略"推进丝纺服装千亿级产业集群发展的实施意见（2017—2021年）》《南充市实施"155发展战略"推进现代农业

千亿级产业集群发展 2018 年行动方案》及《配套政策》等多项扶持政策，将丝纺服装、现代农业列为千亿级产业集群，生物医药、电子信息列为百亿级产业集群，并作为重点产业进行培育，全力推进消费品工业发展。

2. 推进企业转型升级

按照"培育大企业、发展大产业、构建大集群"发展理念，着力推进消费品工业做大做强做优，鼓励企业转型升级、技改创新，支持企业开展新产品的研发生产，重点推进丝纺服装特色产业发展，支持重点企业提档升级，提升优质消费品供给能力。

（二）提品质

1. 培育质量标杆企业

开展两化融合标准体系建设，建立一批消费品工业质量标杆示范企业，全力推进企业产品提档升级，2018 年，南充市九天真空、太极南充制药、阆中保宁醋 3 家企业成功入选国家和省级两化融合管理体系贯标试点企业。

2. 鼓励企业参与标准制修订

支持企业主导或参与国家标准、行业标准制修订。例如，依格尔纺织公司、顺成纺织公司参与制定《蜀锦》（GB/T35444—2017），南充银海丝绸公司参与制定《蚕丝绵》（FT/T 41005—2017），四川银河地毯公司参与《手工打结真丝地毯》（QB/T2215—1996）的修订工作，南充市政府对参与标准制定的企业给予 20 万元奖励。

（三）创品牌

1. 提高"南充造"产品影响力

坚持以丝纺服装、食品工业、生物医药、电子信息为重点，积极开展商标品牌创建工作，提升消费品工业品牌竞争力，不断增强企业的市场知名度。推动阆中丝毯织造技艺入选首批国家传统工艺振兴目录，丝绸传统织染技艺入选第五批省级非物质文化遗产项目名录，保宁醋古酿醋工业遗产入选首批省级工业遗产项目名单，张飞牛肉三国文化产业园、保宁醋博览园入选 2018 年四川省工业旅游示范基地。

2. 加强区域公共品牌建设

以加强区域公共品牌建设作为创品牌工作的特色抓手和重要手段，提升"中国绸都"知名度和美誉度，扩大南充市丝绸产品在全国的影响力，顺利通过中国丝绸协会对南充市"中国绸都"的复审，获得商务部授予的"国家外贸转型升级基地（服饰）"称号；嘉陵区获得中国蚕学会授予的"中国桑茶之乡"称号。

第九节　青岛市西海岸新区

青岛市西海岸区牢固树立"协调、绿色、开放、共享"的发展理念，以实施消费品工业增品种、提品质、创品牌"三品"战略为抓手，加快推进供给侧结构性改革。

一、基本情况

2018年，青岛市西海岸区规模以上消费品工业主营业务收入1897.1亿元，同比增长11.7%，呈"两升两平"态势，医药工业和消费电子产业实现主营业务收入34.6亿元、1426.0亿元，同比分别增长16%、13%。食品工业和纺织工业发展平稳，实现营业收入226.3亿元、14.5亿元，同比分别增长1%、3%。

品牌影响力日益扩大。2018年，海尔入选"全球品牌500强"。海尔、澳柯玛、圣元等5家企业品牌荣登"中国品牌500强"榜单。青岛啤酒、东阿阿胶、张裕等23家企业入选"山东最具价值品牌企业100强"。2018年，琅琊台集团"小琅高"成功认定为"中国驰名商标"。

两化融合深入推进。青岛海容商用冷链股份有限公司等5家企业被工业和信息化部遴选确定为2018年全国两化融合管理体系贯标试点企业，海信电器、琅琊台集团等4家企业已经通过国家两化融合管理体系贯标认证。

开展互联网工业"555"特色项目。青岛市西海岸区入库培育项目有55个。其中，澳柯玛被新认定为智能工厂，圣元、海信宽带等7家企业的项目被认定为数字化车间，易触数码等11家企业的项目被认定为自动化生产线。

二、三品战略

（一）增品种

1. 推动招商引资和产业创新

以招商引资和产业创新作为增品种战略的两大抓手，推进《推进信息产业和互联网工业创新发展的意见》《加快推进制造业转型升级的意见》《工业明星企业培育"511"工程行动方案》等政策措施落实，深入开展整合技改、互联网工业、企业上规模等工作，积极开展产业对接、招商引资和商业合作活动。

2. 提高技术创新能力

鼓励企业研发设计高附加值新产品，突出设计创新，加强技术创新体系建设。新创建省级企业技术中心4家，市级企业技术中心13家，累计创建市级以上企业技术中心等创新平台152家，265个技术创新项目列入全市技术创新重点项目计划，数量均居全市首位。

（二）提品质

1. 引导产业链转型升级

积极构建消费品工业产、学、研、用的全链条示范集成系统，明月海藻集团牵头研究的"医用级海洋源生物材料绿色规模化生产及先进功能产品研发"项目被列入国家重点研发计划。培育国家、省两化融合贯标试点企业11家，占全市的35.5%。

2. 加强海洋产业基地建设

以高质量的产业基地建设作为行业持续健康发展的重要基础性工作。推动海洋药物、生物制品、医用生物材料、保健品等产品开发，实现高质量发展。2018年3月，青岛海洋高新区获批创建"全国海洋生物产业知名品牌示范区"。

3. 深入开展智能制造试点示范

在重点行业开展"机器换人"，支持企业建设基于互联网的个性化定制、云制造、在线故障诊断及维护等新型制造模式，明月海藻等企业被评为"山东省智能制造试点示范企业"，新区"国家级智能制造示范企业"已达3家，数量排在全省首位。

（三）创品牌

1. 专设品牌建设机构

开设品牌建设的专门机构，2018年2月，正处级事业单位青岛市西海岸新区品牌推广办公室正式成立,推动新区品牌创建推广工作再上新台阶。5月,新区品牌发展促进会正式成立。11月,举办新区首届品牌创建推广专题培训班,进一步提升新区干部品牌业务知识和专业技能。

2. 鼓励企业提升品牌价值

引导和鼓励企业利用展会、媒体等方式提升品牌价值和企业影响力,在《黄岛新闻》开辟"新时代新作为打造动能转换引领区"专栏,对昌隆文具等11家企业陆续进行宣传报道。组织海尔、海信、澳柯玛、琅琊台、明月等7家新区品牌企业代表青岛亮相首届中国自主品牌博览会和中国品牌发展国际论坛。

3. 开展明星企业培育工程

鼓励和支持企业参与品牌评选,开展明星企业培育工程,2018年,青岛天地荟食品有限公司等7家企业入选"青岛市消费品工业'三品'示范企业",青岛海尔洗碗机有限公司"海尔牌防干烧燃气灶"等18个品牌获评"青岛名牌"。组织开展青岛市西海岸区第二批工业企业品牌"琅琊榜"评选活动,青岛康大食品公司等23家企业上榜。

第十节 深圳市龙华区

深圳市作为改革开放的先行者和新时期进一步深化供给侧结构性改革的排头兵,是国家稳增长、调结构、促改革的前沿阵地,也是消费品工业发展的中坚力量。作为深圳市的产业大区和落实中国制造强国战略、发展先进制造业的先行区,龙华区积极顺应和把握消费升级大趋势,重视打造全国乃至世界的知名品牌,积极实施品牌发展战略,推动全区消费品工业高质量发展。

一、基本情况

2018年,深圳市龙华区规模以上消费品工业产值达4383.62亿元,同比增长26.0%,占全区工业总产值比例超过82%;进出口总额2171.4亿元,占全区进出口总额的40.6%,其中,进口总额、出口总额分别占全区总额的17.8%和59.1%。

轻工行业保持高速增长。2018年,深圳市龙华区轻工业产值总额为370.4亿元,同比增长19.0%,进出口总额206.8亿元,同比下降14.1%;其中,纺织工业产值为178.9亿元,同比增长23.7%,食品工业产值为15.5亿元,同比增长 78.4%；医药工业产值总额为 81.9 亿元，同比增长 38.4%。

消费电子行业迅猛发展。2018 年，深圳市龙华区消费电子行业产值为 3999.4 亿元，同比增长 32.8%；进出口总额 1960.1 亿元，同比增长 46.2%。

品牌创建成果不断涌现。截至 2018 年年底，全区共有 55 家企业入围"深圳知名品牌"名录。

二、三品战略

（一）增品种

1. 实施人才素质提升工程

积极组织金融、财务、律师等行业专家，分批选拔优秀企业家和品牌管理人才，定期举办企业家培训等专业活动，开展品牌企业家评选工作。组织实施一线技术工人职业技能提升计划，鼓励和引导消费品工业企业开展职业技能竞赛、岗位练兵技术比武等活动。

2. 开展企业提升培育工程

通过组织龙华区品牌评选，实施"单项冠军"和"潜在独角兽"计划，在细分领域树立一批品牌培育示范企业、名牌标杆企业。在重点领域，以规模以上企业为依托，加快培育掌握核心技术、形成规模优势的国家级实施商标品牌战略示范企业、国家和广东省知识产权优势企业及示范企业。在各街道选取 8 家标杆企业，组织专家深入企业开展全面精益管理现场指导。

（二）提品质

1. 推进企业质量提升

制定并印发《深圳市龙华区加强品牌建设推动经济高质量发展实施方案》《龙华区全国时尚服饰产业知名品牌创建示范区2018年质量品牌提升工作方案》等文件，成立专项工作领导小组，统筹发展品牌经济，推动企业高质量发展。

2. 培育区域标杆企业

注重区域标杆企业的培育工作，组织创建全国及广东省知名品牌创建示范区，指导企业产业集群申报全国及广东省产业集群区域品牌建设示范区，积极帮助企业申报"中国驰名商标""广东省著名商标""深圳知名品牌"等荣誉，以打造典型、树立标杆。

（三）创品牌

1. 引导企业争创品牌

鼓励辖区消费品工业企业申报市级品牌，积极参与第五届"国际信誉品牌"和第十六届"深圳知名品牌"企业评选活动。推荐华润三九、新百丽鞋业、稳健医疗等30家重点优质企业申报2018年"深圳品牌百强"企业，其中9家企业入围。

2. 开展五类百强企业认定

一是结合5月10日"中国品牌日"，开展龙华区"五类100强行业知名品牌"认定活动。按照企业的产值（或营业收入）、纳税、净利润等定量指标，兼顾效益指标，认定"工业100强""外贸100强""服务业100强""纳税100强企业""中小微创新100强"。

二是全面引入第三方评价机制，针对龙华区知名品牌企业，根据销售额、利润、纳税、专利、名牌产品、商标、市场占有率等指标多维度进行认定。

3. 加强知名品牌宣传

联合深圳工业总会共同举办第二届深圳国际品牌周暨"一带一路"品牌大会龙华区特色主题系列活动，开展品牌故事连展，为获得龙华区"五类100强""行业知名品牌"等称号的企业举行授牌仪式并召开发布会，通过南方日报、深圳都市报、宝安日报、深圳市电视台等媒体，以连展连播等形式，进行大力宣传推广，积极树立龙华区消费品工业品牌的良好形象。

4. 实施品牌发展战略

发挥媒体舆论的正向引导作用，支持相关行业协会制定本行业的品牌发展战略，开展行业知名品牌评选活动，发挥社会组织和专业技术机构的作用，鼓励专业技术机构开展品牌理论基础研究，开展消费品工业品牌价值评价、品牌讲座、品牌论坛等相关活动。

企业篇

第十章

重点消费品企业研究

第一节 MINISO 名创优品的创新发展模式

一、企业概况

MINISO 名创优品是日本快时尚设计师品牌，由日本青年设计师三宅顺也先生与中国青年企业家叶国富先生在东京共同创办，是全球"时尚休闲生活优品消费"领域的开创者。在传统实体零售深陷艰难转型的困境时期，MINISO 名创优品却在短短 4 年时间里在全球开设 2000 家店铺，足迹遍布亚洲、欧洲、非洲、北美洲、南美洲、大洋洲等六大洲，全球开店超 3500 家。2016 年，品牌创造了近 100 亿元的销售奇迹。

二、发展战略

（一）直采定制模式，产品性价比高

MINISO 名创优品主张"同等价格品质最好、同等品质价格最低"，以优质低价作为核心竞争力。通过在全世界范围内严格挑选优质供应商，直接订制采购，部分商品采用"买断定制"，获取价格优势。通过大批量采购实现规模效益，以量制价，极大压缩了产品成本。同时，MINISO 名创优品不搞华而不实的设计和包含品牌溢价的广告，甚至主动拒绝暴利，每件产品仅加 8% 的毛利，实行薄利多销。此外，名创优品控制了商品的设计核心力，除食品外，全部使用 MINISO（名创优品）的品牌，由此掌握了商品的定价权。

（二）注重创意设计，产品更新速度快

MINISO 名创优品非常重视产品的更新速度，广泛聚集全球优秀设计师，将"自然、简约、富质感"的设计理念融入产品。每年的创新设计投入约 1 亿元，不断为消费者打造"小而美""微而精"的产品。同时，通过 200 多名买手全天候扫描全球市场，制定新产品开发提案。新产品通过小批量试产后，进行为期一周的试销，并对这 200 名买手实行"产品体验免费机制"。此外，为了提高产品到店效率，MINISO 名创优品在全国建立 7 大仓库，按照就近分配原则，实现 7 天上新，21 天产品全店流转，及时为消费者提供时下潮流的新产品。

（三）重视购物体验，增强互动营销

作为新零售的领先企业，MINISO 名创优品推行品牌倡导的自助式购物，店内不设导购，顾客可以从容选择，在购物时毫无压力、轻松随意选购，但在顾客需要帮助或咨询时，店员会及时提供优质的服务，帮助顾客解决问题。此外，MINISO 名创优品通过"扫描微信号即可免费赠送购物袋"的办法，快速积累粉丝，在短短一年多时间里，名创优品微信订阅号的用户数超过 1000 万，为互动营销创造了可能性。

（四）运用大数据分析，强化供应链创新

MINISO 名创优品创建了高效的信息系统，该系统由店铺订单系统、供应商登录系统、企业 OA 系统等 10 多个系统构成。在此基础上，MINISO 名创优品将数据分析引入供应链管理，作为物流系统运转的"指挥棒"和"校正仪"，通过数据监控、盘点、分析等手段，对所有商品的动销速度进行大数据管理，提高资金和销售的效率，快速响应和满足消费者需求。

三、启示与借鉴

（一）变化设计理念，加强产品创新

企业应深度挖掘多元化消费需求，加大新产品研发力度，增加优质低价产品的供给，满足市场消费升级需要的产品和服务。加强产品开发、外观设计、产品包装、市场营销等方面的研发创新，积极开展个性化定制、柔性化生产，丰富和细化产品种类。国内零售企业应借鉴 MINISO 名创优品创新设计理念，

加速产品更新速度，持续为产品注入新元素、新潮流和新时尚，给消费者带来新鲜变化感。

（二）创新采购模式，提升产品竞争力

企业应该创新与供应商的合作方式，不断提升产品性价比。可借鉴 MINISO 名创优品"以量制价+买断定制+不压货款"的模式，加强对供应商的遴选，与供应商合作开发商品，买断版权，形成独家资源。同时，应借鉴 MINISO 名创优品质量至上、精益求精的工匠精神，强化对供应商产品的质量把控，保证产品质量。

（三）完善供应链体系，实现协同生产

鼓励零售企业与新型供应链服务企业合作，借助现代信息技术，建立健全一体化的供应链体系，实现各环节的高效运作。通过大数据的管理方式逐渐让每个门店实现小前台大后台的运作模式，推动市场调研、产品开发、商品采购、商品库存管控、店铺整体规划、销售数据分析、终端营销方案制定、运输配送等环节的协同化、智能化和服务化。

（四）打造样本门店，实现快速复制

规模化的采购对销售速度及产品周转和更新提出了更高的要求，需要通过门店的扩张实现快速复制、大量铺货。企业可借鉴 MINISO 名创优品带资加盟的方式，通过在国内做样本门店开始，逐步实现规模化扩张。通过实行投资加盟，由投资人出资和装修店铺，集团公司进行统一的配货销售管理，投资人参与营业额分成，提高市场占有率。

第二节　豪森药业创新发展四大路径

一、企业概况

豪森药业创建于 1995 年，是国内抗肿瘤和精神类药物研发和生产的领军企业，是国内领先的创新型现代化制药企业。豪森药业产品覆盖中枢神经系统、抗肿瘤、抗感染、糖尿病、消化道、心血管等六大领域。豪森药业连续多年位列"中国医药工业百强榜"前 30 强、"中国医药企业创新力 20 强"前 3 强，2019 年"中国医药研发产品线最佳工业企业 20 强"第 2 名，被评为中国

"最具创新能力医药企业"，被工业和信息化部、财政部评为"国家技术创新示范企业"。2018 年，"国产格列卫"——豪森"昕维"成为国内首个通过一致性评价的伊马替尼。纵观豪森药业创建以来的发展之路，逐渐从"仿制为主、仿创结合"向"创新为主，仿创结合"转变，创新在企业经营和发展中的地位与作用越来越重要，逐渐形成了有豪森特色的创新发展之路。

二、发展战略

（一）两位数的研发投入占比

一切创新离不开资金投入。从 2000 年开始，豪森药业逐步提高研发投入，近两年，豪森药业的研发投入占比达到 10%，远远高于我国医药行业平均水平（约为 2%）。在上海张江和江苏连云港布局两大研发中心，培养近千名高素质专业科研工作者。同时，拥有国家级企业技术中心、博士后科研工作站和江苏省院士工作站、生物高技术研究室等多个研发平台。

（二）研发聚焦目标领域

聚焦目标领域提高研发效率。豪森药业放弃大而全的产品研发经营策略，将研发经营重心放在抗肿瘤和精神类两大领域，选中目标领域，做透做精。明星产品也集中在这两大领域，"泽菲""欧兰宁"两大"中国驰名商标"分别为抗肿瘤和精神类药物。

（三）自主研发与协同创新并举

内力+外力形成创新合力。豪森药业不仅仅自己在上海、江苏设立研发中心，建立国家企业技术中心等一流研发平台，还重视产学研合作，借助外力补己短板。建立了国内科研院所、高校、国外科技协作的多层次、全方位的技术创新体系，提升了自主创新能力，促进了科研成果的转化，实现了共赢。

（四）积极的国际化战略

一是瞄准国外公司大品种药物，进行仿制药创新开发。勇于通过技术创新，打破国外公司的技术壁垒和市场垄断，实现重大品种药物国产化。

二是专利案中敢于维权。豪森药业先后与美国礼来公司、瑞士诺华公司进行多起知识产权维权，依靠技术创新，豪森最终胜诉，成为我国专利维权的经典案例。

三是对标国际，积极开展国际认证。豪森药业主动按照美国 FDA 和欧盟 EDQM 标准进行工艺设计，建成国际化的制剂产业园，是国内为数不多的完全按照美国 FDA 标准生产的企业之一，积极有效地开展原料药和制剂产品的国际认证，有 2 个抗肿瘤原料药通过 FDA 认证，1 个抗肿瘤注射剂和 1 个普通固体制剂通过 FDA 检查，1 个抗肿瘤制剂和 4 个原料药品种通过日本 PMDA 认证。

三、启示与借鉴

（一）聚焦更易出精品

医药企业在选择创新战略时，可聚焦一到两个资源优势领域，深耕细作，避免大而全。"有所为，有所不为"可有效节约研发支出、提高研发效率，在优势领域做出一到两个精品之后，可逐渐拓展其他相关领域。

（二）学会借助外力

医药企业在不断加大自身研发投入与增强实力的同时，要注重借助外力。借助外力可以带来新的思路、新的想法，可以实现科研院所的成果转化，实现共赢。未来市场竞争的胜出者必将是懂得合作、善于借力的企业。

（三）主动参与国际竞争

随着贸易全球化趋势及我国"一带一路"倡议的推进，未来国际市场将成为我国医药企业的重要市场，国际贸易中也会存在摩擦和冲突。医药企业应保持积极主动，主动参与国际竞争，注重技术创新，善于运用法律武器维权，研发生产与国际对标，积极开展国际多中心临床研究。

第三节　卫岗乳业"奶业共生经济"的"五化"模式

一、企业概况

卫岗乳业是国家农业产业化重点龙头企业、中国食品百强企业、江苏省最大的乳品生产企业，是区域性乳企的典型代表，卫岗牛奶成为中国优质农产品、江苏省名牌产品，卫岗乳业的管理理念和经营措施体现了"三品"战略的基本要求。2017 年 6 月 16 日，在第八届中国奶业大会上卫岗乳业首次提出了"奶业共生经济"的理念，为我国区域乳企践行"三品"战略及实现快速发展和破局提供了新思路。

二、企业战略

（一）"牧场生态化"践行循环农业生产方式

近年来，卫岗乳业坚持"先建牧场，再做市场"的理念，不断加快推进上游牧场的布局和发展，采用生态循环模式，种养结合，先后在苏皖地区建立了 21 个生态科技牧场，掌控纯种荷斯坦奶牛 4 万余头，夯实了奶源基础，从源头解决乳品质量安全的核心问题。除了奶牛生产养殖模块，卫岗乳业还在生态牧场中增加了采摘、科普宣传和休闲观光模块，将乳业、旅游、再生经济深度融合，为奶业发展注入新动能。

（二）"工厂智能化"促进高效精细化管理

卫岗乳业通过制造技术与信息技术的深度融合优化生产管控系统，通过自动化系统对乳制品生产、质量、设备运行等进行监控管理，提供实时的可视化生产信息数据，推动乳制品生产向自动化、数字化方向发展，实现了工厂的智能化管理。同时，利用全产业链可追溯体系，及时掌握生产、销售信息，以市场为导向快速响应，实现弹性高效的生产组织方式，推动奶业全生命周期的高效精细化管理。

（三）"产业链专业化"实现跨界融合发展

卫岗乳业注重产业链上的分工协作，并制订产业协作标准，与分工合作的企业、机构组建利益共同体，构建"种、养、加、销"等环节多个专业化集群和创新平台，实现产业链轻捷化。同时，不断探索乳业全产业链发展模式，建设了集牧草种植、奶牛生态养殖、奶制品加工与销售、休闲观光体验于一体的一、二、三产业深度融合的全产业链体系，实现了产业链各环节的协同共赢。

（四）"供应链精细化"推进奶业体系共生共赢

卫岗乳业在奶源、生产、分销等环节，加强信息系统的单项应用。

源头方面，通过信息技术建立可视化智能奶牛养殖系统，实现实时监控和自动饲喂，全面掌握每头牛的健康状况和营养需求，确保奶牛的最佳健康状态。

生产方面，通过自动化和信息化的全覆盖，不断增强技术改造投入，实现柔性生产、精益生产。

分销方面，通过差异化营销和服务来满足零散订户、商超大客户等不同客户的需求，依托干线冷链物流体系和送奶入户的毛细物流体系，解决"最后一公里"甚至"一百米"的问题，同时还在行业内开创性实施"五小时新鲜保障，两小时新鲜直达"工程，提升了产品和服务响应速度。

（五）"品类定制化"满足消费需求多元化

结合互联网经济下的新零售特征，卫岗乳业注重经营理念的创新，在原有渠道基础上积极拓展线上线下相结合（O2O）的新零售业态，自建"天天订"网上商城，推行传统线下订奶与网络销售的融合。2015年卫岗乳业将微信订奶与苏果便利店系统融合，首次实现线上订奶、线下自取相结合的业务模式，建立了符合现代人消费模式的新零售体系。此外为迎合消费者多元化、品质化、高端化和健康化的消费需求趋势，在不断创新升级品类的同时，积极推行品类定制模式，因需定制、因需开发，实现产品差异化、服务精细化。

三、启示与借鉴

（一）重视产业链上游环节，强化"新牧场"建设

优质、安全、稳定的奶源保障是乳业生态圈建设的重要前提，企业应强化对上游牧场和养殖环节的整合，采用科学化集约养殖模式，在大城市周边以自建、参股、合建等方式建立生态牧场，通过种植苜蓿等高产优质牧草、推广应用良种繁育、利用现代化养殖技术科学饲养奶牛等一体化作业，加强对奶源的全面控制。积极搭建牧场物联网平台，推进物联网技术、智能化技术及设施设备的应用。全面开展粪污无害化处理和资源化利用，提高牧场环保指数。支持企业打造生态休闲观光示范性牧场，提升公众对国内优质奶源的认可度，全方位建设"奶源可持续发展的生态圈"。

（二）整合产业链关键环节，建立专业化的"新型协作体"

奶业全产业链涉及生鲜乳收集、加工生产、配送和销售等环节，产业链长且环节多。鼓励企业进行全产业链整合，积极向产业链上游延伸，既要与规模

养殖场、奶农合作社、奶联社、种植企业等合作搭建专业化的种养殖平台，实现奶源的协同生产同时要重视技术创新与研发，自建或联合科研机构、高校等建立国家实验室，建设一流的研发中心、检测中心、孵化平台，开发中高端产品。此外，要推动产业链下游电子商务、仓储、物流、商贸等环节的外包服务，通过奶源、研发、生产、检测、物流、销售等各环节的协同联动、融合发展，打造产销平衡的奶业共生体系。

（三）打破产业壁垒，构建奶业"新供应链"体系

"奶业共生经济"的核心是供应链，企业应加强对现有供应链系统的精细化管理，通过毛细血管似的冷链铺设+高效的物流体系+国际供应合作伙伴，实现供应链环节的高效运作。鼓励企业通过 RFID 技术、GPS 技术、无线通信技术及温度传感技术的有机结合，建立健全一体化的冷链物流体系，在一二线城市全网铺设干线冷链物流，完善送奶入户的配送物流系统，提高产品和服务响应速度。同时，引导企业主动对接"一带一路"国家，依托乳业生态圈内已建立的供应链关系，强化国际合作，进一步开拓海外市场，拓展国际乳业生态圈。

（四）创新商业模式，做深做实"新零售"

加快大数据、云计算、物联网等新一代信息技术的应用，积极建设 B2B、B2C、C2B、O2O 等模式的创新型电子商务平台或与大型第三方电商平台企业开展合作，积极发展互联网定制、网上超市等线上新业态，充分开发线下产业支撑潜能，构建"线上线下联动"。企业要主动推行个性化、柔性化生产，通过抓取和分析特定人群（如母婴、学生、老年人等）的大数据信息，洞察特定人群的消费需求，推进产品在外观、口味、功能等研发设计、生产制造和供应链管理等环节的柔性化改造，提供更具针对性的个性化产品与服务。

第四节 海澜之家的品牌经营战略

一、企业概况

海澜之家服饰股份有限公司（简称海澜之家），是一家大型服饰供应链管理平台企业。其母公司海澜集团 1988 年以粗纺起家，历经精纺发家、服装当家，拥有丰富的服装制造经验和良好的品牌运营基础。21 世纪初，海澜集团进入零售服装领域，推出"海澜之家"品牌。成立伊始，海澜之家便采用"品牌+连锁经营"的全新商业模式，打通产业链上下游，发展混合型新业态，致力

于品牌经营、渠道掌控和终端控制，抢占价值链高端，实现了从传统服装业向现代服务业的华丽转身。近年来，在服装行业整体业绩下滑的大背景下，海澜之家零售总额年均增幅达30%以上，2017年实现营业总收入182.00亿元，同比增长7.06%；利润总额43.95亿元，同比增长7.06%。在2016年标准普尔发布的"全球市值最高服饰公司25强"的报告中，海澜之家以600多亿人民币的市值排在第14位，超过了Coach、Prada、Burberry等世界著名品牌，其品牌经营战略值得借鉴。

二、企业战略

（一）品质与品牌两手抓

质量是品牌的生命。凭借母公司深厚的服装生产基础，海澜之家制定了行业领先的服装生产标准，建立品控中心，严格监督控制供应商的层层工序，从面料、裁剪到熨烫，都确保符合标准。在做好产品的同时，着力打造品牌形象，先后聘请合乎品牌内涵、充满青春活力的影视新星、超人气偶像等出任形象代言人，制作广告宣传片，在央视新闻联播、天气预报、对话以及各类综艺节目中播出，"海澜之家，男人的衣柜"的广告词家喻户晓、深入人心。

（二）精准的客户定位

对客户的细分，可以有效精确地定位企业品牌的市场。海澜之家依托母公司的专业优势，对市场趋势做出科学分析，围绕男装这个细分市场，定位为"高质平价"，聚焦于80%的"塔基客户"。以"男人的衣柜"为理念，将目标客户定位在25~45岁，这些人群在市场份额中占比较大，需求比较旺盛，而且有一定的经济能力。在客户细分之后，根据客户的接受能力进行合理定价，海澜之家的每套男士西装价格为480~1680元，性价比较高。

（三）创新融入新业态

不断创新是企业保持青春的生存之道。近年来，网络零售的逐渐兴起给传统零售行业带来了极大冲击。为了在新的消费环境中获得竞争新优势，海澜之家一方面推出全新零售业态——"三合一旗舰店"，将自有的三个品牌海澜之家、爱居兔、百衣百顺集合在一起，在同一个空间展示多样化品牌，实现资源的协同、高效、综合利用，同时，通过改变门店装修风格，并提供高速wifi环境和惬意的咖啡，带给顾客最时尚、前沿的购物体验。另一方面，积极进军电子商务领域，开辟第二战场，针对网购人群的特点，开发更年轻时尚的产品。

（四）轻资产的商业模式

海澜之家通过建立利益共享、风险共担机制，把供应商、加盟商和品牌方（海澜之家）打造成利益共同体（见图10-1），实现产业链各环节各司其职、各获其利、共同发展。

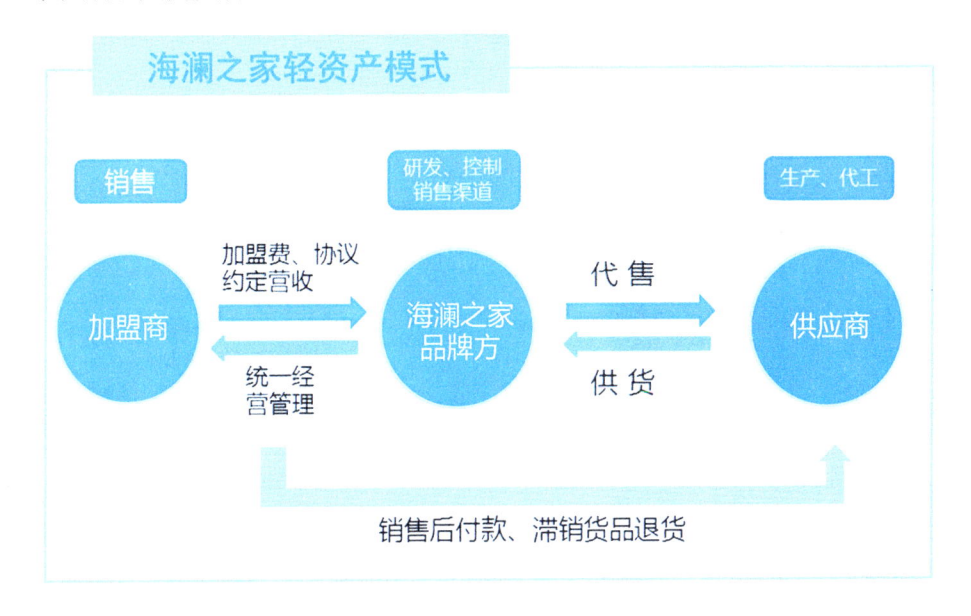

图 10-1　海澜之家的商业模式

供应商：联营模式。海澜之家采用销售后付款、滞销货品退货及二次采购相结合的模式，将供应商、品牌方的利益紧紧捆绑在一起。供应商需要及时了解市场流行趋势，根据市场进行生产，海澜之家也要帮助供应商提高动销率。

加盟商：既连又锁。在销售环节，海澜之家采取"所有权与经营权相分离"的合作模式。加盟商承担门店的日常开销，但不参与门店经营管理。海澜之家拥有门店经营权和产品的销售渠道。海澜之家所有的加盟店具有统一形象策划、供货渠道、指导价格和服务规范，通过"连"住形象，又"锁"住管理的方式来经营。

品牌方：专注管理。海澜之家开启"轻资产运作模式"，把生产和加工转出去，保留研发和销售。这样既可以提升运营效率，也增强了核心竞争力。通过实行"四化方针"，即管理制度化、操作流程化、监督跟踪化、考核数据化，实施标准化管理。在服务机制上，发挥"总部经济"优势，对产业链上下游提供全流程服务。

（五）高效的物流管理

现代物流是商业模式创新的重要支撑。海澜之家采用"供应商—总部—门店"的扁平化物流模式，投资16亿元搭建了目前国内面积最大、设备技术最先进的自动化服装物流园，该物流园由2个立体仓库、3个发货大厅、1个配送中心组成。通过总部集中发货方式，提高物流效率，降低物流成本。海澜之家智能仓储系统采用了业内最先进的SAP信息管理系统，通过每件货品上唯一的条形码，公司可以准确掌握每件产品的仓储、配送、销售等各个环节，实现全流程追溯，有利于总部对全国市场的全盘掌控、及时反应。

三、启示与借鉴

（一）加强品牌创新能力

目前，国内纺织服装行业竞争日益激烈，服装企业只有走品牌化道路，将自主创新、质量提升理念贯彻到核心技术中，并推进每个产业链环节的良性发展，才能增强整体产品的质量水平及竞争优势，在全新的产业技术革命中立于不败之地。

（二）实施多样化与一体化品牌战略

随着消费需求的日益多样化、个性化，单个品牌很难满足消费者日新月异的需求变化，实施多样化战略，既可以避免单一经营的风险，也可以通过不同层次的产品来满足多样化的市场需求。尤其在男装市场中，产品同质化现象严重，海澜之家通过增加产品品种，或者跨领域经营产品或服务，延伸企业的经营领域，满足不同消费者的多元化需求，从而开拓全新的市场，提高企业市场竞争力。

（三）线上线下的品牌营销策略

品牌营销最重要的一点就是，坚持以市场为中心，以客户为出发点，深化优质服务、强化自身建设，在扩大市场份额和提升产品质量的基础上，推进规模化、品牌化、网络化的线上线下结合的经营模式，建立多层次的品牌营销渠道，促进生产过程及销售环节的优化，提高对市场的快速反应能力，以实现企业的可持续发展。在大力发展电子商务的同时，用海澜之家"带资加盟"的方式，在国内从做样本门店开始，逐步实现门店的规模化扩张。

（四）注重人才的培养，提升服装设计创意水平

我国服装行业的时尚设计创意人才相对缺乏，服装企业需要重点培养和引进既精通时尚设计，又了解服装行业的复合型创意设计人才。将服装与文化、创意和设计相结合，促进研发、设计、标准等相关的高端时尚衍生服务产业发展，建设一批资源集聚能力强、专业服务水平高的服装创意设计园区，将新锐设计师的创意孵化成产品，从而整合产业资源，提升我国的服装品牌竞争力。

第五节　迪尚集团的品牌国际化之路

一、企业概况

迪尚集团有限公司创立于 1993 年，是我国大型服装出口企业集团之一，在美国、欧洲、日本、韩国、孟加拉国和中国香港等国家或地区建有生产基地、研发中心和营销机构。拥有员工 2 万人，50 多个专业的贸易事业部，近3000 名贸易团队人员。在孟加拉国、越南等九处建有服装生产制造基地，50 多个专业服装生产厂。在美国、欧洲、日本、韩国和香港等许多国家和地区设有贸易公司和研发设计中心。集团在美国拥有 5 家服装公司、10 个自主设计品牌，在韩国拥有 4 个国际知名品牌，迪尚集团品牌国际化的战略值得国内纺织服装企业借鉴。

二、企业战略

（一）一个平台+多个中心的协同发展模式

迪尚集团着力打造中国服装设计创新创业平台，该平台作为服装设计、生产、销售的载体，带动时尚创意相关产业主体的互动，吸纳海内外众多时尚设计新锐力量，快速提升公司的时尚创意设计创新能力，在这个大平台下，通过构建服装设计创新中心、面辅料中心、智能制造集成中心、高级定制体验中心等多个中心不断提升迪尚品牌影响力。

1. 服装设计创新中心

集团已于2014年投资3亿元打造了服装设计创新中心，该中心以中国设计

师协会、海外设计分会和中国大中院校相结合的人才资源为依托,与米兰、巴黎、伦敦、东京和首尔等国际时尚服装发达城市合作,吸纳大批国内服装设计专业优秀毕业生、社会自由设计师和服装设计新锐力量,以及全球优秀设计师加入这个平台,打造国内知名设计人才培养与品牌培育的孵化基地。已吸引来自北京服装学院的 REAL 童装设计团队、DIDDHUSM 女装设计团队,以及来自欧洲设计学院、巴黎时装学院等国内外高等时装院校成立"Lilith à Paris/莉莉的"时尚女装设计团队等 100 个设计师工作室,免费开放给通过审核的创客团队使用,配套服务纺织服装企业超过 200 家,形成了 40 多个市场品牌,取得了良好的经济效益。

2. 面辅料中心

集团经过 20 多年终端市场及供应链体系的打造及完善,依托全球 3000 多家优质面辅料供应商渠道,以"国家纺织面料馆迪尚集团面料中心"和"迪尚集团精品面辅料中心"等为实物展厅的迪尚集团面辅料中心,现有最新的面辅料实物样品 10 万份以上(电子数据库信息 30 万份以上),覆盖服装材料全品种,年更新率不低于 30%,新开发样不低于 40%。同时面辅料中心结合国标及不同出口国家标准,已经建立了各面辅料品种的产品明细分类及产品质量标准体系,以及供应商验厂审核标准系统,具备了服装面辅料在线交易平台的基本功能。

3. 智能制造集成中心

集团服装智能制造中心设有服装制造中心、模版研发中心和样品制作中心三大主要区域。其中服装制造中心拥有智能平流作业线和智能悬挂系统,利用电脑和自动化技术,在减少 10%工作人员的情况下,可以提高 40%的生产效率;模板研发中心将研发服装生产行业最新的标准化生产模板,并通过"互联网+"整合服装上下游产业,推动整个服装生产行业向智能化、高效化方向快速发展;样品制作中心除了能为客户制作样品外,还能通过电脑技术详细给出服装制作的整个流程,为客户提供更加优质的服务。

4. 高级定制体验中心

高级定制体验中心旨在让国内消费者体验高品质服装服饰产品的 F2C 会员制定制平台,是迪尚集团对供给侧改革在服装行业落地实施的一种探索与实践。高级定制体验中心首家模板店设在集团总部大楼的五楼,利用集团 20 多年积累的服装设计制造、出口贸易经验和产业资源,采用 C2D2M 新型商业模式,以市场、顾客为导向,以设计研发和精工细作为核心,以高性价比为宗旨，为会员提供不亚于奢侈品水准的高品质服饰产品，同时，为顾客提供形象力塑造与着装指导顾问等增值服务。DCCM 定制体验中心利用三维人体扫描+人脸 3D 成像技术形成数字化人体模型，建立顾客专属的人体数据，再结合数字化时装、商业空间的智能化改造，从而形成完整的数字智能化零售新模式，并在后期完成数据积累后，引入人工智能等技术，配合智能制造体系，最终完成全新的规模化制造新模式，彻底改变服装零售与设计制造的传统模式，真正进入服装和销售的数字智能化时代。

（二）海外合作与并购，畅通海外销售渠道

迪尚集团通过在欧洲、美国、日本、韩国等主要贸易国家成立自己的公司，全部聘用外国员工，以"直通车"的形式迅速打入国外卖场。通过这种业务拓展模式，集团在海外积蓄了大批专业人才，充分掌握国际服装行业的发展动态。通过海外收购，集团在美国拥有 Brandon Thomas 和 Cherry Elegance Fashion 等 5 家服装公司、10 个自主设计品牌，2017 年实现销售收入超过 1.5 亿美元。2012 年，又收购了韩国三大服装上市公司之一的 AVISTA 公司，将其旗下的 BNX 和 TANKUS 等四个国际知名品牌收入囊中。此外，还引进和代理国际知名品牌，通过收购的外国公司在国外直接创立品牌，为创立自主品牌积累经验。集团已成为法国 Feraud、Lilith 及美国 IZOD 等品牌中国区的唯一总代理，并在国内设立了 200 多家专卖店。利用收购美国公司的资源，集团在美国推出了全新品牌的牛仔裤品牌，生产环节放在国内，目前已成功打入美国各大卖场。此外，集团积极开拓东南亚市场，将产能转移到海外基地，已在孟加拉国、柬埔寨、越南、缅甸等地建立了大型工厂和加工基地，通过这些销售渠道，规避了通过韩国、中国香港转口的局面，同时也减少了欧洲、美国和日本等国家的中介商环节。近年来，集团对美国、欧洲、日本的出口额不断增长，而且在新兴市场的份额也在逐年增长。

三、启示与借鉴

（一）强化科技创新，提升行业智能制造水平

迪尚集团正是迎合了当代服装市场营销的需求，在结合传统服装企业运作优点的基础上发展起来的一种依靠智能制造和服务型制造的高效的服装企业运作模式。国内纺织服装企业需加强制造技术及管理方面的质量管控和技术创新，制造出标准化的高质量产品。加快推进功能性面料的研发、染整先进工艺

技术的应用及数字化和智能化高端装备的应用，提升服装行业的科技创新能力，为未来开辟国际服装市场、实现国际化的发展目标提供重要基础。

（二）加强供应链管理，建立企业市场快速反应机制

随着消费者需求的变化、科技的变化、商业氛围的变化及世界秩序的变化，建立对市场的快速反应机制成为服装企业重要的课题。目前，在我国服装企业建立快速的反应机制必须以科技为依托，协调各业务部门，对市场的变化做出快速反应。

一是加强服装企业的信息化建设。依靠现代先进技术建立一个多方位、反应灵敏、传递迅速、疏漏少的营销信息网络，采用先进的管理技术和信息技术实现业务集成。

二是加强供应链管理。优化供应链网络，缩短供应链长度，加快物流配送速度，减少中间衔接环节和供应商的数量，与产品质量较高的供应商建立战略合作伙伴关系。

三是转变观念。让采购、销售、物流、财务等相关部门人员了解快速反应机制，增强快速反应能力，使企业从高层到销售终端适应新的管理模式。

（三）注重设计创意，加大设计团队的培养

服装行业在国际范围内竞争日趋激烈，竞争力的核心将体现在设计人才上，对国内企业经营者而言，注重时尚专业团队的培养是企业成功的最基本要素。迪尚集团的设计团队以时尚流行、消费者需求为出发点来进行产品开发，时刻关注第一线的时尚讯息和消费者的购买信息，然后以最快的速度响应市场需求。随着服装领域快时尚品牌的影响力逐步提升并深入消费者心中，以快速复制时尚来满足大众对时尚的需求的模式将成为潮流。国内设计师不但要学习和借鉴国外模式，还要研究如何将快时尚品牌通过快速反应体现在产品上，以及如何从设计角度把握品牌定位，最终制造自己的快时尚品牌。目前，国内企业离快时尚的差距还很大，企业在追求商业利润的同时需加强专业设计团队的培养，否则，设计团队能力不足将成为企业发展的制约。

政策篇

第十一章

2018年中国消费品工业重点政策解析

第一节 《食盐专营办法》

一、政策内容

2017年12月26日，国务院公布修订后的《食盐专营办法》（以下简称《办法》），自公布之日起施行。《办法》共7章36条，包括总则、食盐生产、食盐销售、食盐的储备和应急管理、监督管理、法律责任和附则。《办法》针对坚持和完善食盐定点生产、定点批发制度，取消食盐产、运、销等环节的计划管理，取消食盐产销隔离、区域限制制度，改革食盐定价机制，强化食盐质量安全管控措施，建立健全信用信息记录、公示制度等六个方面做了重点修订。

二、政策影响

一是明确定点产销制度。为加强对食盐的管理，保障食盐科学加碘工作的有效实施，确保食盐质量安全和供应安全，《办法》立足我国食盐专营的国情，继续明确"国家对食盐实行专营管理"。在食盐生产方面，明确国家对食盐实行定点生产制度，非食盐定点生产企业不得生产食盐，并明确了企业获得食盐定点生产企业证书的程序。在食盐销售方面，明确国家对食盐批发实行定点批发制度，非食盐定点批发企业不得经营食盐批发业务，并明确了企业获得食盐定点批发企业证书的程序。

二是注重释放市场活力。《办法》紧紧贯彻《方案》（指国家盐业体制改革方案，下同）精神，在坚持食盐专营制度基础上推进供给侧结构性改革，对一些不利于释放市场活力的规定予以革除。在改革产销分离方面，明确食盐定点生产企业可以依法获得食盐定点批发企业证书开展食盐批发业务。在改革区域限制方面，明确食盐定点批发企业在国家规定的范围内销售食盐，任何单位或者个人不得阻止或者限制。在改革运销管理方面，为贯彻落实国家取消食盐产、运、销等环节计划管理的精神，删去关于食盐生产、批发、分配调拨、运输实行指令性计划管理以及食盐准运证管理的相关规定。在改革定价机制方面，删去国家规定食盐价格的规定，明确食盐价格由经营者自主确定。

三是突出食盐质量安全。为落实习近平总书记关于以"最严谨的标准、最严格的监管、最严厉的处罚、最严肃的问责"加强食品质量安全的要求，《办法》把食盐质量安全放在更加突出的位置，食盐质量安全违法行为将被"零容忍"。在加强非食用盐管理方面，规定盐业主管部门应当加强工业盐等非食用盐管理，防止非食用盐流入食盐市场。非食用盐的包装、标识应当明显区别于食盐。非食用盐生产企业应当建立产购销记录制度。明确禁止销售不符合食品安全标准的食盐，并完善了禁止作为食盐销售的产品类别。在加大违法行为惩戒力度方面，对食盐质量安全和群众身体健康的违法行为，提高了处罚数额，明确了违法经营企业退出机制和行业禁入等措施。对情节严重的违法行为，与治安管理处罚法、刑法作了衔接，同时做好法律责任与食品安全法等法律法规的衔接。

四是着力强化民生保障。食盐是民众生活必需的消费品，其供应安全与否关乎社会稳定。《办法》体现了以人民群众为中心的思想，更加注重增强人民群众的改革获得感。在保持价格稳定方面，根据《方案》关于"加强对食盐零售价格的市场监测""防止普通食盐价格异常波动"的要求，增加了价格管理部门应当加强食盐零售价格的市场监测，当食盐价格发生显著上涨或者有可能显著上涨时依法采取价格干预或者其他应急措施的规定。在保障供应方面，增加规定县级以上地方人民政府采取必要措施，保障边远地区和民族地区的食盐供应。同时规定盐业主管部门应当会同有关部门制定食盐供应应急预案，在发生突发事件时，协调、保障食盐供应。在加强储备方面，按照《方案》"建立由政府储备和企业社会责任储备组成的全社会食盐储备体系"的要求，规定省级盐业主管部门根据本地食盐供需情况建立健全食盐储备制度，承担政府食盐储备责任，食盐定点生产企业、食盐定点批发企业应当承担企业食盐储备责任并保持合理库存。

五是深入完善监管体制。根据《方案》"完善食盐专业化监管体制""探索推进食盐安全监管体制改革"的要求，在部门职责分工方面，《办法》明确将食盐监管分为食盐专营监督管理和食盐质量安全监督管理两条线,即在坚持盐业主管部门实施食盐专营监督管理的同时,增加了食盐质量安全监督管理部门负责食盐质量安全监督管理工作的规定。在部门协作机制方面,为落实《方案》关于各司其职、密切协作的要求,《办法》增加了部门之间应加强协作,通过政务信息系统实现信息共享的条款。[①]

第二节 《关于改革完善仿制药供应保障及使用政策的意见》

一、政策内容

2018年4月3日,国务院办公厅印发《关于改革完善仿制药供应保障及使用政策的意见》(以下简称《意见》)。《意见》指出,改革完善仿制药供应保障及使用政策,事关人民群众用药安全,事关医药行业健康发展。要围绕仿制药行业面临的突出问题,促进仿制药研发,提升质量疗效,完善支持政策,推动医药产业供给侧结构性改革,提高药品供应保障能力,降低全社会药品费用负担,保障广大人民群众用药需求,加快我国由制药大国向制药强国跨越,推进健康中国建设。

二、政策影响

一是有助于强化仿制药供应保障。改革开放以来,我国仿制药产业取得突破性发展,产业规模不断扩大,产品数量不断丰富。但是,受供需双方信息不对称、研发技术难度大、罕见药市场需求小等不利因素的影响,部分仿制药国内跟进较慢。《意见》通过制定鼓励仿制的药品目录、加强仿制药技术攻关、完善药品知识产权保护等措施,鼓励和引导企业及相关研发机构注册生产更多临床必需、疗效确切、供应短缺的仿制药品,解决部分原研药价格过高以及部分仿制药短缺的问题,提高仿制药供应保障能力。

二是有助于提升仿制药质量水平。我国是仿制药大国,4000余家医药企业中90%以上是仿制药生产研发企业,17.6万种药品批文中只有30种左右拥有完全自主知识产权,但"大而不强"的现实不容忽视。长久以来,国产仿制药仿制的多是"标准",药品质量与先进国家相比仍然存在较大差异,制剂的工业

---

① 蒋国策:《<食盐专营办法>修订凸显五大亮点》,《中国工业报》,2018年1月11日

化水平、药用原辅料的质量均达不到国际标准。《意见》的出台从推进仿制药质量和疗效一致性评价工作、提高药用原辅料和包装材料质量、提高工艺制造水平、严格药品审评审批、加强药品质量监管 5 个方面提出具体措施，能够有效推进我国仿制药高质量发展。

三是有助于激发行业创新动力。无论是完善药品知识产权保护、制定鼓励使用仿制药的政策和激励措施，还是明确药品专利实施强制许可路径、落实税收优惠政策和价格政策，或做好宣传引导、推动仿制药产业国际化等，《意见》的出台为药企加大创新投入，提升自主创新能力营造出一个良好的政策环境，长远来看有助于提升行业整体的创新氛围。

第三节 《关于促进"互联网+医疗健康"发展的意见》

一、政策内容

2018 年 4 月 28 日，国务院办公厅发布《关于促进"互联网+医疗健康"发展的意见》（以下简称《意见》）。《意见》主要包含三方面内容：

一是健全"互联网+医疗健康"服务体系。从医疗、公共卫生、家庭医生签约、药品供应保障、医保结算、医学教育和医疗知道科普、人工智能应用等方面推动互联网与医疗健康服务相融合，涵盖医疗、医药、医保"三医联动"诸多方面。

二是完善"互联网+医疗健康"的支撑体系。从及时制定完善的相关配套政策、加快实现医疗健康信息互通共享、建立健全"互联网+医疗健康"标准体系，提高医院管理和便民服务水平、提升医疗机构基础设施保障能力等方面提出有关举措。

三是加强行业监管和安全保障，对强化医疗质量监管和保障数据安全做出明确规定。《意见》还提出一系列政策措施，明确了支持"互联网+医疗健康"发展的鲜明态度，突出了鼓励创新、包容审慎的政策导向，明确了融合发展的重点领域和支撑体系，也划出了监管和安全底线。

二、政策影响

一是明晰"互联网+医疗健康"的具体模式和详细规则，提高行业发展的规范性。近年来，"互联网+医疗健康"概念很火但业态较新，诊疗范围、医生资质等问题模糊不清，从业企业良莠不齐，质量安全监管也存在灰色地带，行业发展亟待规范。《意见》提出允许依托医疗机构发展互联网医院，也支持医疗卫生机构、符合条件的第三方机构搭建互联网信息平台开展远程医疗、健康咨询、健康管理服务等，既明确了"互联网+医疗健康"必须依托实体医疗机构的发展模式，也进一步规范了"网络医院"可以开展的诊疗服务范围。

二是深化供给侧结构性改革，满足人民群众日益增长的医疗健康需求。现阶段，信息不对称、资源不均衡等原因导致的"看病难""看病贵"等问题普遍存在。《意见》从坚持中央总体要求和地方创新实践相结合、坚持"做优存量"与"做大增量"相结合、坚持鼓励创新与防范风险相结合三个层面出发，利用"互联网+健康医疗"在拓展医疗服务半径、盘活社会医疗资源方面的先天优势，推进形成"基层首诊、远程会诊、双向转诊"的分级诊疗格局，力争实现基本医疗"普遍可及"，缓解医疗卫生事业发展不平衡不充分的矛盾，满足人民群众的医疗健康需求。

第四节 《关于推进奶业振兴保障乳品质量安全的意见》

一、政策内容

6月11日，国务院办公厅发布《关于推进奶业振兴保障乳品质量安全的意见》（以下简称《意见》），围绕奶源基地建设、乳制品加工流通、乳品质量安全监管及消费引导等方面做出全面部署。《意见》共分为6个部分22条，明确了今后一个时期奶业发展的指导思想、基本原则、主要目标和重大政策措施，是指导今后一个时期我国奶业发展的纲领性文件。

一是确立了奶业的战略定位。《意见》指出，奶业是健康中国、强壮民族不可或缺的产业，是食品安全的代表性产业，是农业现代化的标志性产业和一二三产业协调发展的战略性产业。

二是明确了奶业发展的目标任务。《意见》提出，到2020年，奶业供给侧结构性改革取得实质性成效，奶业现代化建设取得明显进展；到2025年，奶业实现全面振兴，基本实现现代化，整体进入世界先进行列。

三是突出了高质量发展的要求。《意见》要求，针对当前奶业发展不平衡不充分的问题，以关键环节和重点难点为突破口，着力提高奶业供给体系的质量和效率。

四是强调了保障奶农的权益。《意见》提出了培育壮大奶农专业合作组织、促进养殖加工一体化发展、建立生鲜乳价格协商机制、开展生鲜乳质量第三方检测试点、规范生鲜乳购销行为等政策措施，增强奶农抵御市场风险、共享现代奶业发展成果的能力。

二、政策影响

一是有利于推动乳业高质量发展。目前，我国主要矛盾已转变为人民日益增长的美好生活需要和不平衡不充分的发展之间的矛盾，乳制品质量安全也要从数量的安全逐渐转变到有质量的安全，并最终转变为有营养和健康的安全[1]。《意见》针对当前奶业发展不平衡不充分的问题，以奶源基地建设、乳制品加工流通、质量安全监管及消费引导等关键环节为突破口，加快乳业供给侧结构性改革，着力推动乳业高质量发展，适应消费需求总量和结构的变化。

二是有助于提高乳品企业竞争力。近年来，以伊利、蒙牛为代表的中国乳制品企业竞争力进一步提升，但从行业整体来看，企业大而不强、核心竞争力弱等问题持续存在。《意见》通过引导企业全产业链发展、促进乳制品产品结构优化、推动产业集群化发展、增强企业创新能力等措施，积极培育具有较强国际竞争力的大型企业集团，能够有效提升我国乳品企业的核心竞争力，加快乳业振兴。

三是有利于扩大本土乳品消费需求。根据海关统计，我国进口乳制品折合生鲜乳占国内生鲜乳产量的比重达到 40%左右，除了国产乳制品生产成本过高及乳品进口关税过低之外，消费者对国产乳制品的信心不足也是造成这一现象的重要原因之一。尽管我国乳制品质量已经得到明显提升，但是由于消费引导不够，消费者对本土乳制品品牌的认可度依然不高。《意见》通过定期发布乳品质量安全抽检监测信息、组织开展乳品企业公众开放日活动、实施奶业品牌战略、强化乳制品消费正面引导、培育国民食用乳制品的习惯等措施，有望进一步扩大本土品牌消费需求。

第五节 《关于完善促进消费体制机制、进一步激发居民消费潜力的若干意见》

一、政策内容

2018 年 9 月 20 日，中共中央国务院发布《关于完善促进消费体制机制、进一步激发居民消费潜力的若干意见》(以下简称《意见》)。《意见》针对重点领域消费市场还不能有效满足城乡居民多层次多样化消费需求、监管体制尚不适应消费新业态新模式的迅速发展、质量和标准体系仍滞后于消费提质扩容

---

[1] 毕玉安：《全力推进高质量发展 做强做优中国乳业》，《经济日报》，2019 年 1 月 21 日

需要、信用体系和消费者权益保护机制还未能有效地发挥作用、消费政策体系尚难以有效支撑居民消费能力提升和预期改善等问题，基于坚持消费引领，倡导消费者优先；坚持市场主导，实现生产者平等；坚持审慎监管，推动新消费成长；坚持绿色发展，培育健康理性消费文化四项基本原则，提出完善促进消费体制机制，进一步激发居民消费潜力的具体任务，包括构建更加成熟的消费细分市场，壮大消费新增长点；健全质量标准和信用体系，营造安全放心消费环境；强化政策配套和宣传引导，改善居民消费能力和预期，力争实现消费生产循环更加顺畅、消费结构明显优化、消费环境更加安全放心的总体目标。

二、政策影响

一是助力经济稳增长。2018年，最终消费支出对国内生产总值增长贡献率达到76.2%，比上年同期提高17.4个百分点，成为拉动经济增长的主要动力。但从消费结构看，居民消费支出占GDP的比重仅为30.8%，这一数字远低于美国（69.5%）、日本（56.3%）和韩国（47.8%）的水平，甚至也低于印度（59.1%）的消费水平，这从另一个方面也说明，我国居民消费仍存在较大的潜力空间。《意见》的出台将有助于在外部环境不确定性增加的情况下激发居民消费潜力，进一步提升消费对经济增长的"稳定器"作用。

二是促进消费提质升级。我国居民消费已经呈现出从注重量的满足向追求质的提升、从有形物质产品转向更多的服务消费、从模仿型排浪式消费向个性化多样化消费转变的趋势特征[1]。《意见》从促进实物消费提档升级、推进服务消费提质扩容、引导消费新模式孕育成长、推动农村居民消费梯次升级等方面，明确了消费提质升级的主攻方向。更为重要的是，通过消费升级，还将对经济发展方式转变起到引导作用，以消费升级引领经济转型，有助于实现经济高质量发展的目标。

三是加快释放消费潜力。当前，由于各种体制机制障碍，消费领域的发展仍然存在"痛点"和"堵点"，影响居民消费潜力的进一步释放。《意见》针对补齐消费制度短板进行了有效的顶层设计，提出要构建更加成熟的消费细分市场、营造安全放心的消费环境、改善居民的消费能力和预期等多个具体措施，并重点培育发展服务消费、网络消费、体验消费、定制消费、时尚消费、智能消费等新热点，有助于加快释放居民消费潜力。

---

[1] 陈炜伟、安蓓、初杭：《以消费提质升级助推高质量发展——中央出台意见促进消费释放重要信号》，2018年9月25日，见http://www.xinhuanet.com/2018-09/21/c_1123467896.htm

热点篇

第十二章

2018 年中国消费品工业热点事件解析

第一节　我国动力电池梯次利用规模化发展问题

一、背景

随着我国新能源汽车的产量和保有量不断攀升，动力电池将逐渐进入退役期，回收利用市场前景广阔，预计到2025年，我国动力电池梯次利用市场规模将达到 282 亿元。目前，动力电池的回收利用主要包括梯次利用和资源再生两方面，其中，梯次利用市场最大且最具发展前景。当前，我国动力电池梯次利用尚未形成规模化和规范化的应用场景，商业模式、技术创新等方面还存在诸多亟待解决的问题，已成为动力电池产业链乃至新能源汽车产业链绿色发展的薄弱环节，加快动力电池梯次利用规模化发展迫在眉睫。

二、存在问题

（一）应用场景：我国电网储能场景发展迅速，家庭和商业储能等其他场景起步慢

目前，全球各国都在积极开展动力电池梯次利用相关研究和商业应用。美国、日本和德国等起步较早，已有成功的商业项目和应用工程。例如，日本 4R Energy 公司、美国 FreeWire 公司、德国博世集团等公司已成功开发家庭和商业储能、移动电源及电网储能等梯次电池应用场景。我国近几年才开展相关研究

和布局，中国铁塔、沃特玛、平高集团等企业主要在电网储能、低速电动车等应用场景探索实践。

（二）商业模式：美日的商业模式已经成熟，我国尚处于探索中

目前，美国实行的是"生产者责任延伸+消费者押金"制度，政府通过押金制度督促消费者上交退役电池给汽车销售企业。同时对电池生产企业收取回收费及对消费者收取部分手续费，用于成立回收基金支持电池梯次利用和回收利用。日本从2000年起即规定电池生产商负责锂电池回收，消费者则基于"自愿努力"和循环观念参与废旧电池的回收，退役电池通过逆向物流统一返回电池生产企业进行评估、分选和重组，再流向梯次电池用户（企业或消费者）。相较于美日成熟的电池梯次利用商业模式，我国尚未形成覆盖面较广且统一的回收网络。其中，以北汽新能源为代表的行业联盟模式、以宁德时代为代表的电池生产企业模式、以天奇股份为代表的第三方回收模式等多模式并存，尚未形成规模化应用的商业模式。

（三）技术规范：性能评估、分选重组和寿命预测技术与国外仍有差距

从技术角度来看，梯次利用电池性能评估检测、快速分选和重组、电池溯源和安全监控是全球重点突破的方向。早在2002年，美国等国家已开展车用淘汰电池的二次利用研究，主要针对电池梯次利用的过程、步骤、经济性及示范规模，目前研发重点放在电芯评估、分选和溯源等领域。我国企业中国铁塔已制定了《中国铁塔梯级电池产品技术规范书》，并联合企业、研究所共同建立了统一的梯级电池技术标准体系。宁德时代等企业也已开展针对退役电池包进行健康指数评价等研究，在动力电池退役判定标准及性能评估技术、自动化拆解和分选重组、电池寿命预测技术方面与发达国家仍有差距。

三、主要启示

（一）构建梯次利用的产业生态圈

一是构建全生命周期的生态体系。建立电池生产商、整车企业、回收企业、梯次利用企业、梯次利用用户和再生冶炼企业六位一体的梯次利用生态体系，形成联动。

二是探索适合的商业模式。整合行业资源，构建覆盖面广、可持续的回收

和梯次利用网络。

三是搭建信息溯源平台。构建从电池生产、使用、梯次利用、报废回收等全生命周期的信息溯源系统，实现电池管理系统（BMS）的运行数据与电芯数据后台全部传输，信息系统可以对电池单体数据的实时溯源查询，并实现用大数据平台进行电池评估筛选。

（二）加强关键技术的研发与攻关

加强电池梯次利用拆解、重组、测试、安全性能评价及寿命预测等关键技术的研发创新。

一是离散整合技术。针对梯次应用不同场景的Pack设计电池模组建立数据库，根据不同电池模组的性能、寿命、容量、内阻、余能等数据参数重新分组，建立数据模型和电池管理系统，提升重组后电池的性能。

二是储能系统并网拓扑研究。针对不同种类、规模、大小的动力电池，研究设计合理的基于高频变压器隔离的级联H桥储能系统并网拓扑，降低储能系统对梯次利用电池种类及电池一致性的依赖，提升退役电池的利用率。

（三）制定相关技术标准及规范

一是管理标准方面，制定《新能源汽车动力电池梯次利用实施细则》，细化梯次利用上下游相关主体的责任，加强动力电池梯次利用行业准入门槛、信息溯源管理、梯级电池管理、梯次利用基金等相关标准体系建设。

二是技术标准方面，研究制定动力电池Pack拆解工艺规范，并对电池拆解后的分类、标签、存放、信息录入和追溯等相关工作做出明确规范。

三是评价标准方面，建立新能源汽车动力蓄电池第三方评价标准，为动力电池梯次利用企业在动力蓄电池余能检测、残值评估等阶段提供技术指导。

（四）创新梯次应用盈利模式

一是多元化开拓梯次应用场景。在太阳能、风能等可再生能源并网、微电网、工业领域储能、低速交通、汽车充电桩、社区及公共建筑储能、数据中心备用电源等领域建设梯级电池应用示范。

二是打造租售并举的梯次应用模式。针对客户的需求程度和资金承受能力，针对需求强烈、资金充裕的梯次利用客户以出售梯级电池为主，针对社区、景点、数据中心等需求不够强烈、资金预算不足的客户可结合合同能源管理的经验采取出租的方式。

三是多种支付方式。通过分期付款、分时租赁、盈利后结算、托管运营、甚至免费供货（依靠后续增值服务）等方式吸引梯次用户。

（五）完善政策激励机制

统筹现有的资金专项，对动力电池回收利用体系建设、动力电池梯次利用技术的研发、动力电池梯次利用示范项目等给予一定的资金补贴，优先推荐其申报国家节能环保、绿色制造等专项资金，对梯次利用电池用户给予一定的财政补贴。积极探索建立梯次利用回收体系社会资金保障机制，逐步形成政府资助引领、企业和社会多元投入、经济和环境效益共享的资金保障机制。

第二节 关于我国医药研发生产外包服务创新发展的思考

一、背景

CRO/CMO 是我国近二十年来发展起来的新兴行业。近五年，随着国家层面大力支持医药行业创新研发、国内企业研发投入的增加、仿制药一致性评价工作的开展和全球医药研发项目逐渐向中国转移等利好因素的影响，我国 CRO/CMO 呈现高速增长，近 5 年复合增长率高达 24%。以药明康德、泰德制药、金斯瑞为代表的国内骨干 CRO/CMO 企业，建立了国际领先的全新抗体药开发平台、高表达稳定 CHO 细胞株构建平台和双特异性治疗抗体平台（SMAB）等创新平台，金斯瑞关于多发性骨髓瘤的 CAT-T 技术成果轰动全球。未来，随着我国加入 ICH[①]使得临床研究和国际接轨，国际多中心临床试验将成为我国 CRO/CMO 行业新的增长点。预计到 2020 年，我国 CRO/CMO 的市场规模将接近 1000 亿元。

二、存在问题

1. 知识产权保护力度不够

对于委托方来说，因国内知识产权保护机制不完善，国内大部分制药企业

---

① 人用药物注册技术要求国际协调会议（International Conference on Harmonization of Technical Requirements for Registration of Pharmaceuticals for Human Use），由美国、日本和欧盟三方的政府药品注册部门和制药行业在 1990 年发起。

倾向于自行研发新药，以避免因为合作研发或者研发外包导致的知识产权外泄。这导致国内主要创新药项目都集中在制药企业内部，CRO 服务需求小、新药研发外包市场规模小。对于受托方来说，受托的新药项目经常由于宣传需要，部分公开试验数据和靶点信息而被剽窃，造成客户关系紧张、知识产权受侵等情况出现。例如，传奇生物的 CAR-T 免疫细胞疗法就遭受过侵权。

2. 关键物料依赖进口

CRO 行业，高端物料和关键物料国内保障能力不足。目前，国内 CRO 企业临床前实验阶段所需的关键耗材、物料都依赖进口，国内的耗材物料集中在中低端，不能满足跨国实验项目的要求，日益频繁的贸易战会增加 CRO 企业关键物料断供的风险。调研发现，南京金斯瑞进行生物新药研发所需要关键物料（分离 T 细胞磁珠、T 细胞培养液及冻存液）基本依靠进口。

CMO 行业，生产线的关键器械和耗材目前基本依靠进口。例如，国内最大的 CRO/CMO 企业药明康德在 MAH 制度实行之后，与国内外多家药品研发企业合作。但由于国产器械和耗材没有通过国际认证，不符合多数跨国企业和新型创新生物药项目的生产标准，所以目前主要采用进口器械和耗材。

3. 配套体系不完善

一是国内缺乏专业实验室，造成很多临床前实验只能出国完成。调研发现，目前国内没有 RCL（具有复制能力的慢病毒）实验相关平台，相关企业只能去国外完成相关实验。

二是 MAH 制度不够完善。虽然 MAH 制度的出台推动了上市许可和生产许可的分离，但目前相关实施细则并不明确，导致合同生产过程中委托方与被委托方的具体权责不够明确，容易出现扯皮现象。

三是第三方保险机制不完善。药品作为一种特殊商品，药品不良反应事件时有发生。有的药品不良事件可以避免，有的很难避免，合同研发生产由于涉及多方共同研发生产，不可避免会出现不良反应追责纠纷，国内目前缺乏保障利益相关方的第三方保险机制。例如，目前国内仅有中国太平洋保险旗下的"太有责·药安心"系列保险产品为合同研发生产相关保险，其他保险公司缺乏类似险种。

四是创新药激励机制不完善。国内临床研究资源紧张延缓了创新药的上市时间，增加了企业成本。一些恶性肿瘤、罕见病领域新药虽然进入医保目录，但由于医院控制药占比、采取"零加成"，医院没有动力采购价格偏高的创新药,导致创新药"进院难"问题。

三、主要启示

1. 加强创新药的知识产权保护

一是探索建立药品审评审批与专利链接制度,把药品审评审批和专利关联起来,在药品审批过程中,发现专利侵权纠纷,及时通过法院裁定解决。

二是加快开展药品专利期限补偿制度试点。专利期补偿是指补偿专利权人由于行政审批过程造成的专利保护时间缩短造成的商业损失。

三是完善药品试验数据保护制度。行政管理部门对企业申报的数据要采取保护措施,防止被他人商业利用。

2. 推动关键物料的国产化

一是加强传统物料提质增效研究。提高和改进传统生物制药物料的生物学性能,支持科研单位深入研究生物材料的表面和界面,发展表面改性技术及表面改性耗材。

二是加强医药创新企业与新材料企业的联动,促进国内新材料生产企业开发符合临床前实验需求和高端合同生产需求的物料。

三是推动国内企业产品的国际化认证。推动国内企业积极通过美国、欧盟等发达国家和地区的器械、耗材和物料的相关认证。

3. 完善配套政策

一是建立特色专业实验平台。选择高校或科研院所针对目前医药创新企业反映强烈的领域建立专业特色实验室,弥补国内实验室资源不足,为CRO企业提供平台服务,降低企业研发成本。

二是出台MAH制度实施细则。药品上市许可持有人制度即将在全国全面推行,出台相关实施细则,明确委托方和受托方的权利和责任,对于规范CMO企业的发展意义重大。

三是建立合同研发生产第三方保险制度。鼓励大型保险机构根据CRO/CMO特点,开发覆盖药品研发、临床试验、生产、上市销售全环节"共保"的药品安全责任险,给各个环节提供共同保障。

四是健全创新药研发使用机制。增加临床研究在医院评级和医生职称评定中的比重,缓解国内临床资源不足,对进入医保目录疗效明确的创新药采取单独核算,不纳入医疗机构药占比考核,促进创新药的临床使用。

第三节　我国婴配乳粉高质量发展亟须破解原料的四大难题

一、背景

2018年6月，国内婴幼儿配方乳粉行业乳铁蛋白出现"订单荒"，此事件引起业界高度关注，直接原因是国家乳铁蛋白进口标准调整后，主打乳铁蛋白配方的外资大品牌（惠氏、雅培等）提前锁定国际核心供应商的订单，导致我国企业"断粮"。原料问题一直是制约我国婴配乳粉健康发展的重要因素，目前我国婴配乳粉部分关键原料进口依存度较高、奶源质量不稳定、原辅料标准及生产许可细则不完善等问题突出，如何补齐短板提升原料品质，成为我国婴配乳粉行业高质量发展的关键。

二、存在问题

1. 原配料生产技术问题

关键原配料依赖进口，相关技术有待突破。乳清粉作为婴配乳粉生产的主要原料，通常由奶酪副产物加工得到，国内生产奶酪的发酵菌株、凝乳酶等生产技术工艺缺乏致使国产奶酪及副产物产量低，加之乳清脱盐技术等副产物综合利用技术不成熟，导致乳清粉严重依赖进口。2017年，我国进口乳清53万吨，同比增加6.5%，进口额6.66亿美元，同比增长47.4%。此外，乳糖、OPO结构油脂、乳铁蛋白等受到国内乳品产品结构（奶酪产量低）、提纯制备技术及单体工厂产能的影响，也大部分依赖进口，直接制约了国内羊乳清粉、高纯度乳铁蛋白等高端婴配乳粉的发展。

2. 奶源基地问题

规模化和规范化牧场不足，奶源质量不稳定。从规模化养殖水平看，我国百头以上奶牛养殖规模占比约为55%，乳业发达国家占比达到80%左右。我国牧场平均养殖头数仅为10余头，约为新西兰的1/40、澳大利亚的1/25。从育种养殖技术看，我国自有种质资源选育体系缺乏，多数养殖场通过进口种公牛及冷冻精子繁育，发达国家普遍采用奶牛生产性能测定信息化系统（DHI）统领遗传改良和牧场管理，实现养殖技术和单产水平"两增"、饲养头数和奶农数量"两减"，保障乳品质量的高度自给和可控。目前，荷兰、加拿大、德国、英国等国DHI参测率在60%以上，我国DHI参测率不足10%。

3. 原料标准问题

原料标准缺失，相关标准亟待完善。目前我国婴配乳粉原料质量控制执行的婴儿配方食品的食品安全国家标准，其内容比较宽泛，尚未有针对婴配乳粉原料的专用标准，各企业执行自行制定的原料验收标准，标准间差异较大。收奶过程中缺乏合理的生鲜乳质量分级体系和按质付价机制，产品原料等级不明确。目前不合格原奶处理的管理办法尚未制定，被拒收的不合格原奶流向不明，存在安全隐患。此外，现在奶牛的兽药残留问题由于检验方法和标准落后，导致企业不能完全把控原奶质量。

4. 准入门槛问题

"还原奶"问题突出，生产许可门槛有待调整。"还原奶"生产乳制品一直以来备受关注和争议。现行的《婴幼儿配方乳粉生产许可证审查细则》允许以全脂、脱脂乳粉为原料，以干法或干湿复合法生产婴配乳粉，允许企业采用进口乳粉（大包粉）生产婴配乳粉。由于使用进口乳粉复原（干湿复合法）比使用生鲜乳（湿法）成本低近 1/3，企业纷纷采用进口大包粉复原后再生产奶粉，由于大包粉的低价优势，一些乳企对国内相对价格较高的鲜乳限收拒收，导致国内生鲜乳销售受阻。此外，使用进口大包粉生产婴配乳粉营养价值损失较大。大包粉生产的过程需要使用一次超高温瞬时灭菌，进口后还原成液态奶的过程需要再次高温灭菌，两次高温灭菌使鲜奶中的部分维生素、赖氨酸、钙等一些不耐热营养成分遭到破坏或失去活性。

三、主要启示

1. 加强关键原配料供给，提升产业内生动力

重视基础科学研究，强化在奶酪及奶酪副产物乳清、牛乳（羊乳）中活性蛋白生物成分、OPO 结构油脂等方面生产工艺和技术的探索和开发应用，补齐婴配乳粉产业链上关键原配料生产方面的短板。

一是重点建立我国奶酪加工理论、攻克在固体发酵、关键酶等方面的核心技术难题，加快推进奶酪及副产物乳清的规模化生产，为乳清粉和乳清蛋白粉的生产提供原料。

二是开展功能营养成分科学研究与产品开发，综合运用生物学技术、酶法脂交换技术、冷杀菌技术以及分离、提纯技术等优化生产工艺，开发婴配乳粉用固态乳基料和乳糖、OPO 结构油脂、乳铁蛋白等功能性配料，实现婴配乳粉

关键原配料的国产化。

三是以婴配乳粉企业为主导，聚集产业链资源，组建国家婴配乳粉原料关键技术创新联盟，开展脱盐乳清粉和乳铁蛋白等生产工艺和提纯技术的攻关，突破我国婴配乳粉产业技术瓶颈，保证国产婴配乳粉关键原配料供应。

2. 统筹国内外奶源，强化现代化的牧场建设

一是引导婴配乳粉企业通过参股大型牧场、提供委托贷款、预支奶款等方式，深化与规模养殖牧场、奶农合作社、奶联社等奶源供给方的合作关系，加强国内优质奶源的掌控。

二是鼓励和支持婴配乳粉企业在澳大利亚、新西兰、南美、北美、西欧等区域建立原料基地和加工厂或与当地牧场主、乳粉加工厂签订"定向生产、定向加工"合同，保障生产需求。

三是鼓励和支持婴配乳粉企业积极布局上游智能化牧场，加快推进标准化奶牛（奶山羊）养殖场及其配套高产优质苜蓿示范基地的建设，从饲料种植加工、奶牛（奶山羊）育种、养殖、用药等环节强化管理，确保企业生产婴配乳粉所用生牛乳全部来自自建自控奶源基地。

3. 加快原料标准的制定，推进国产奶粉原料规范化

一是根据生产婴配乳粉使用主要原料，制定专门的婴配乳粉用料的国家标准，加强国产奶粉使用原料的标准化和规范化。

二是按照食品安全标准加快制定婴配乳粉原料检验检测标准，要求企业严格检验标准对婴配乳粉原料进行重点项目的全项检验，原料验收合格后方可接收，且规定验收区域设置摄像头监控验收全过程。

三是强化对不合格原奶等婴配乳粉原料的处理，加快制定并出台有关不合格原奶处理的办法，杜绝不合格原奶被再次销售。

4. 完善生产许可细则，提升行业门槛

进一步修订和完善婴配乳粉生产许可审查细则，强化婴配乳粉行业准入管理。

一是对标奶业发达国家惯例，出台和修订更加严格的婴配乳粉生产标准，鼓励采用生鲜乳生产婴配乳粉，引导企业回归"湿法工艺"，确保产品品质。

二是建议对原料奶、婴配乳粉的检验项目进行梳理、分类，确定批批检验和定期抽检项目，取消非必要检测项目，降低企业检验成本。

三是严格新建（改扩建）婴幼儿配方乳粉生产项目准入管理，对奶源无保障、布局不合理、规模不达标的新建（改扩建）项目不予核准。

展望篇

第十三章

主要研究机构预测性观点综述

第一节 医药

一、2019年政府工作报告的医药重点任务（中国政府网）

2019年3月5日上午9时，第十三届全国人大二次会议开幕，政府工作报告中，涉及医药行业的内容汇总如下。

一是2018年医药工作回顾。深化医疗、医保、医药联动改革，稳步推进分级诊疗，提高居民基本医保补助标准和大病保险报销比例，加快新药审评审批改革，17种抗癌药大幅降价并纳入国家医保目录，加强食品药品安全监管，严厉查处长春长生公司等问题疫苗案件。

二是培育生物医药产业集群。促进新兴产业加快发展，培育新一代信息技术、高端装备、生物医药等新兴产业集群，壮大数字经济。

三是大力发展养老特别是社区养老服务业。对在社区提供日间照料、康复护理、助餐助行等服务的机构给予税费减免、资金支持、水电气热价格优惠等扶持，新建居住区应配套建设社区养老服务设施，改革完善医养结合政策，扩大长期护理保险制度试点。

四是大病保险起付线报销比例提高到60%。继续提高城乡居民基本医保和大病保险保障水平，居民医保人均财政补助标准增加30元，一半用于大病保险。降低并统一大病保险起付线，报销比例由50%提高到60%，进一步减轻大病患者、困难群众医疗负担。加强重大疾病防治。

五是实施癌症防治行动。我国受癌症困扰的家庭以千万计，要实施癌症防治行动，推进预防筛查、早诊早治和科研攻关，着力缓解民生的痛点。做好常见慢性病防治，把高血压、糖尿病等门诊用药纳入医保报销。

六是深化公立医院综合改革。抓紧落实和完善跨省异地就医直接结算政策，尽快使异地就医患者在所有定点医院能持卡看病、即时结算，切实便利流动人口和随迁老人。深化公立医院综合改革，促进社会办医。加快建立远程医疗服务体系，加强基层医护人员培养，提升分级诊疗和家庭医生签约服务质量。坚持预防为主，将新增基本公共卫生服务财政补助经费全部用于村和社区，务必让基层群众受益，加强妇幼保健服务。支持中医药事业传承创新发展。

七是强化疫苗全程监管。药品疫苗攸关生命安全，必须强化全程监管，对违法者要严惩不贷，对失职渎职者要严肃查办，坚决守住人民群众生命健康的防线。

八是完善社会保障制度和政策。推进多层次养老保障体系建设。继续提高退休人员基本养老金。落实退役军人待遇保障，完善退役士兵基本养老、基本医疗保险接续政策。适当提高城乡低保、专项救助等标准，加强困境儿童保障。加大城镇困难职工脱困力度，提升残疾预防和康复服务水平。

二、2019 全球生命科学展望（德勤 Deloitte）

根据德勤调查研究分析，每个国家的人均医疗保健支出差异很大，从巴基斯坦的 54 美元到美国的 11674 美元不等。预计全球约 60 个国家在 2018 年至 2022 年期间，医疗支出复合年增长率（CAGR）将达到 5.4%。2019 年，医疗保健在各国国内生产总值（GDP）中所占的比重平均值将达到 10.5%。所有地区（除北美以外）的支出增速预计都将快于 2013—2017 年的支出增速。2019 年全球生命科学部门应关注的领域如下。

一是战略重点是交易制定和外部创新。2019 年，生物制药面临外部创新的迫切战略需求。与此同时，为防止研发回报下降而寻找新一代药物，使得外部交易成为企业的一个关键创新来源。这很可能是一个新交易时代的黎明，尤其是对于那些希望在下一代治疗方法上领先的公司来说更是如此。2018 年和 2019 年初见证了规模在 600 亿美元至 700 亿美元之间的大型变革性收购。2019 年，将看到对补充公司核心业务和剥离非核心资产的中型战略交易的兴趣上升。

二是关注新进入者。随着数字化继续塑造着制药行业的各个角落，新一代初创企业和科技巨头纷纷涌现，打破了现状，威胁着制药行业的传统文化。虽然制药巨头正在投资基于基因的治疗方案，但 250 多家初创公司已经在开发这些疗法，并围绕患者进行开发。这些初创公司可以合并，形成一个全新的公司，在创新和生命科学方面有着非常不同的文化。2019年，下一代治疗药物制造能力的缺乏仍然是一个挑战。分散投资医疗保健和投资初创企业的科技巨头是数据拥有者。他们知道如何简化病人的体验，并正在开发诊断和治疗的医疗级技术。2018年，第一家科技巨头获得了FDA的许可，表明监管机构也准备好了应对这些新进入者的颠覆。根据最近的一项调查显示，超过80%的医学技术研发领导人计划与组织以外的医学技术合作（像技术和医疗保健公司合作那样）。

三是关注扩展一个丰富的网络化生态系统。数字化正在帮助建立一个高度网络化和协作的生态系统。虽然这样的系统为价值创造提供了良好的氛围，但它也带来了来自未受监控的第三方活动的风险。数据合作伙伴、物联网(IoT)和不断发展的医疗物联网一直在警告制药行业面临的网络风险。因此，领导者被期望开发管理框架，并与那些具有兼容风险配置文件的人合作。卫生保健过程的数字化也已让位给日益增长的病人期望。这本质上意味着生命科学的领导者在设计价值链时，应该尝试对患者的经历和期望获得更深层次的理解。

四是关注外包。制药巨头正逐渐采用基于战略和关系的外包模式，而不是传统的交易模式。这可能会刺激生物制剂和数据驱动的临床创新，并增强生产能力。接下来的一年将会有更多的专业知识外包，尤其是认知自动化、人工智能和云计算。生物制药外包驱动行业增长也是一种可能出现的现象。

五是与新的合作伙伴协作进行转型。医疗保健的数字化已经改变了病人、提供者和创新者相互作用的方式。一个高度以病人为中心的未来已经出现，有组织的病人倡导团体正在发挥越来越重要的作用。2019年，合作方式将成为与患者和监管机构合作、推进药物开发和医疗物联网的关键。大公司和小公司还需要共同努力，将生态系统中的网络风险降至最低。

六是关注生命科学中的革命性技术。在工业4.0中，物理、数字和生物世界融合在一起。具有前瞻性的制药公司正在超越试点，专注于新技术如何增加价值。以下是推动生命科学数字化转型的一些技术，例如人工智能，人工智能刚刚开始在生命科学中应用，用以帮助智能地使用数据。它有可能彻底改变诊断、治疗计划、患者监测和药物发现，例如DIY诊断和虚拟护理，提供家庭便利的工具也可以帮助更快诊断，并提供全天候的健康指导和监控。DIY诊断测试可以帮助低收入或农村消费者确定是否有必要去看医生或去医院。

三、全球医药创新的生态及未来趋势（CFDA 南方医药经济研究所）

一是2019—2022年全球药品市场增速加快。预计未来几年世界药品市场将受到新一轮新药上市潮的拉动，世界处方药市场和非处方药市场将分别保持6.5%和8.4%的年均增长，到2022年市场规模分别提升到10980亿美元和4770亿美元。

二是全球新药审批加速。特朗普上任后，力推加速药品审批。2017年上半年美国FDA已经批准了23款新药，超过了2016年的总和。截至2017年10月30日，FDA已经批准了35款新药。我国目前基本消除了药品注册申请积压，中药各类注册申请，以及化学药和疫苗临床试验申请已实现按时限审评。

三是全球研发向亚太迁移。2017年6月CFDA成为ICH正式成员，通过与国际标准和指南同步，中国的药品审评审批标准将越来越接近发达国家或地区。从2018年制药研发公司的地理分布（总部所在地）情况来看，整个制药行业的地理分布呈现向东迁移的态势。中国已成为亚洲最大的新药研发国，同时也是全球第四大新药研发国。

四是创新型药企为研发输注新鲜血液。近年，大型制药企业的研发效率不高，传统研发模式开始变革，转而与研发效率更高的早期研发型小企业合作。

五是MAH衔接初创企业与制药企业协同创新。现阶段，中国实施的上市许可制度（MAH）推动初创企业与制药企业的协同创新。预计到2020年，国内市场规模将达到85亿美元，约占全球市场比重的9.7%。

六是生物仿制药市场方兴未艾。根据汤森路透的数据，目前有近850种生物仿制药在世界范围内开发或销售，其中约125个在进行临床试验，在世界范围内开发或销售超过515种改良型生物仿制药，其中200多个在进行临床试验[①]。有了这样一个健康的发展管线，大约五年内，生物仿制药将超过其他创新产品。在研生物类似物的主要分布地区不是在原研药发达的欧美，排名第一的是中国大陆，第二的是印度，第三才是美国。这一方面反映了中国有巨大的市场需求，另一方面也反映了中国生物类似物的激烈竞争。

第二节 食品

2019食品饮料行业三大趋势（英敏特Mintel）

全球领先的独立市场研究咨询公司英敏特收集15个国家的消费者数据，发布了2019年食品与饮料行业三大趋势。

---

① 《陶剑虹：揭示全球创新生态十大特征与中国市场十大趋势》，医药经济报，2017-11-13。

一是绿色消费的机遇。英敏特提出将可持续发展延伸至整个产品生命周期，可持续性将从农场延伸至零售商，甚至以新植物、原料、产品或包装的形式得以延续。生物基包装材料将成为下一代环保包装的热门选择。同时全球普遍呼吁减少食物浪费。特易购（Tesco）2018年推出自有品牌果蔬汁系列Waste-NOT，该系列果蔬汁采用不符合零售商设定的新鲜农产品销售规格（即"难看的"）的果蔬制成[①]。

二是健康老龄化的机遇。由于60岁及以上的全球人口比例持续增长，老龄化问题尤其受到消费者关注。消费者对更长寿命的追求为食品和饮料制造商带来机会，食品饮料行业将建立在有关健康生活的基础上，并向健康老龄化的解决方案转变。可为各年龄段消费者开发更多配方产品，从而帮助其有效摄入维生素、矿物质和其他可能对骨骼、关节、免疫系统和大脑健康有益的成分[②]，例如，意大利品牌Geovita-Nutrition生产的混合谷物产品Good-Life-Mix就将枸杞和辣椒粉与抗衰老功效相结合。品牌也可以重新定位产品，例如美国品牌Fairlife于2018年重新推出富含DHA-Omega-3的2%低脂超滤牛奶，该款乳制品饮料富含对各个年龄段都十分重要的omega-3脂肪酸。

三是便利升级和创新的机遇。当今忙碌的消费者会选择跨渠道外带早餐、小食和晚餐的解决方案。为满足按需时代消费者对品质的需求，便利食品和饮料细分领域将升级。市场上出现了越来越多的优质便利产品，例如澳大利亚包装肉食产品Luv-A-Duck北京烤鸭套餐，产品含100%澳大利亚优质鸭胸肉、20张中式烤鸭饼和甜面酱，产品包装盒上还建议食用时加入香葱和黄瓜，这样吃起来会有更正宗的口感。

第三节　纺织

2019年六大纺织转折趋势（中国纺织报）

一是高达75%的纺织制造商准备投资布局人工智能。领先的纺织企业可以使用人工智能来辅助创意、设计和产品开发，例如，他们将使用算法来筛选大量数据，以预测消费者最喜欢哪种产品。亚马逊就开发了一种算法通过分析图像来设计衣服，复制流行的款式，并利用这些数据来进行设计[③]。

---

① 《食品行业面临三大机遇》，中国医药报，2018-12-27.
② 《多个2019食品行业趋势预测指向同一焦点》，中国食品报，2018-12-10.
③ 《未来服装行业9个神预测 Pick 数码印花》，网印工业，2018-10-15.

二是企业将更加全球化。纺织产业全球化进程是大势所趋，跨界互联和数字化的指数式增长将改变竞争环境，并为提前布局企业带来竞争优势。

三是纺织品牌寻求与强大销售渠道合作。网络平台作为消费者习惯的第一个搜索点，受到众多纺织品牌的青睐和寻求合作。

四是技术创新速度和用户体验决定市场成败。全球已经大量应用移动支付，消费者将期望纺织产品也能够支持日益便利的在线交易。从设备支持到云计算、移动服务商到与线下渠道的整合，纺织企业在这方面所面临的挑战将越来越复杂。

五是新兴细分行业成热点。例如"全面二胎"政策的落地加速了童装市场的发展，"跑步经济"带来了运动品牌的业绩增长，人们对贴身衣物的重视度的提升带来了内衣品牌的发展，这些都是细分化后版块发展的机遇。

六是传统的公司在竞争中逐步开放。由于行业竞争激烈，急需创新，传统的公司将被迫以更开放的态度接纳新类型的人才、新的工作方式、新的合作关系和新的投资模式。

第四节 轻工

2019年我国智能家居行业发展趋势（中国消费网）

传统家居渐渐不能满足年轻人对品质生活的全部需求，随着5G、人工智能技术的进步和完善，智能家居市场持续火热，给家居行业未来的发展带来更多的可能性，根据美国Statista的预计，2021年全球智能家居市场规模将达793亿美元。《2019中国智能家居发展白皮书》内容显示，2018年中国的智能家居市场规模位居全球第二，达到65.32亿美元。2019年智能家居产业发展趋势主要包括以下方面：

一是传感器成为智能家居工作的重心。国内传感器企业竞争力薄弱，七成市场被外资企业垄断，2019年，随着政府的推动和支持，我国传感器将逐步解决研发能力弱、规模小等问题。

二是可穿戴式智能设备火热发展。在语音控制、终端控制智能家居产品之后，人们希望能够研制出可穿戴设备控制智能家居的产品，从而加强与智能家居产品形成互动，以便在忙碌的生活中养成健康的生活习惯，如智能手环与智能体脂秤之间数据的互通等[1]。

---

[1]《2019智能家居行业发展几大趋势》，中国产经新闻，2019-01-18。

三是 5G 商用影响智能家居发展。目前全球包括中国都在加速 5G 的商用步伐，5G 的特性提升了智能家居的反馈时间，提升用户体验。

四是"智慧小区"大规模落地。2018 年，各地政府开始大力推广"智慧小区"建设。重庆城乡建委还颁布了"关于对智慧小区和装配式建筑项目实施相关激励政策的通知"，以达成 2018 年建设 50 个"智慧小区"的目标。2019 年将迎来大规模、高品质的"智慧小区"，这也是中国迈向"智慧城市"的重要一步。

第十四章

2019年中国消费品工业发展趋势展望

第一节 整体运行趋势

一、"新常态"下转型阵痛持续，经济下行压力仍较大

2019年，中国经济仍面临较大的下行压力，消费品工业生产增速将在现有基础上出现小幅下滑。

一是结构调整阵痛尚未消退，面对日益加剧的转型升级压力、资源环境约束压力、成本压力，中小消费品企业生产运营将受到较大影响。

二是部分行业去库存压力加大，影响2019年产能释放。1—12月，造纸及纸制品业、文教工美体育和娱乐用品制造业、医药制造业、化学纤维制造业、家用电力器具制造业等库存增速均高出工业平均水平。

三是国际市场需求疲软及国际贸易摩擦的双重影响也将在一定程度上拉动生产端下行。

二、外贸环境比较复杂，出口形势不容乐观

2019年，我国外贸发展面临的环境更加严峻复杂，消费品工业出口增速仍将低位徘徊。

一是全球经济增速放缓导致国外消费需求下降。2018年9月，OECD下调全球经济增速0.1个百分点；2018年10月，IMF下调全球经济增速0.2个百分点，预测经济发展面临风险，偏于下行。

二是中美贸易摩擦叠加，全球经济增速放缓将使消费品工业出口受到冲击。2019 年 1 月 1 日起，美国对从中国进口的 2000 亿美元商品加征 10%的关税税率。美国总统特朗普和一些政府官员还表示，可能对剩余的自中国进口商品全部加征关税，外贸形势不稳定因素增加。

三、政策红利加速释放，内需稳步增长

2019 年，国家各类扩内需政策的深入贯彻实施将在一定程度上推动内需回暖。

一是中共中央国务院印发《关于完善促进消费体制机制，进一步激发居民消费潜力的若干意见》，通过壮大消费新增长点、营造安全放心消费环境、改善居民消费能力和预期等措施，从供需两端发力扩大消费需求。

二是国家支持民营经济发展的相关政策措施陆续出台，企业家信心有所提振，固定资产投资增速有望回升。

三是国家鼓励发展消费新业态新模式，高端产品供给不断增加，有助于拓展消费人群、促进消费回流。

第二节　重点行业发展趋势展望

一、医药

（一）行业出口形势严峻

从出口规模看，2019 年，我国医药行业出口交货值增速较 2018 年难有较大幅度提升。2018 年上半年出口交货值占销售收入的比重为 8.6%，由于出口交货值增速慢于主营业务增速，2019 年我国医药出口交货值占销售收入的比重达到"十三五"医药规划指南提出的 10%的目标较为困难。从出口结构看，我国医药工业出口结构以大宗化学原料药和医药中间体为主，产品附加值低。制剂出口主要销往质量要求较低的国家和非法规市场，产品在美国、日本和欧洲等规范市场竞争力较弱。受中美贸易战的影响，我国特色原料药、生物制剂及 MRI、CT 扫描仪、超声波仪器等高端医疗器械的出口或将受到一定制约。

（二）中药行业问题突出

"十三五"以来，中药行业主营业务收入增速始终保持在 8%左右，低于医药工业平均增速，相比"十二五"的增速明显放缓。2019 年，中药行业受到

多因素影响，发展困难重重。

一是中药企业研发创新积极性不高。2018年中药新药批准数量仅为1个，且中药新药申报撤回率高，新药注册申报数量与化药、生物药形成巨大反差。

二是中药注射剂受政策影响较大。限二级以上医院使用的限制造成中药注射剂市场需求减少，中药注射剂再评价纳入计划增加了行业发展的不确定性，行业面临新一轮洗牌。

三是中药行业受资本市场关注度较小。近两年，随着国家政策大力扶持，生物药行业发展好于预期，资本市场投资重心由中药转向生物医药。

（三）药品断供风险犹存

2019年我国部分小品种、大用量的原料药、儿童药、低价短缺药等断供风险仍然存在。

首先，原料药垄断造成药品断供的风险依然较大。2018年以来，苯酚、扑尔敏、尿酸、葡萄糖等很多药品原料药由于垄断等因素造成价格不断上涨，导致部分品种因此停产断供，由于原料药放开审批等相关政策的不确定性，未来小品种、大用量原料药断供风险依然存在。

其次，环保标准提高限（停）产压力大。环保标准的提高会导致部分化学药生产企业限（停）产，部分药品将会面临市场短缺问题。

最后，需求端政策的不确定性将会进一步挤压部分处方药，尤其是儿童药、罕见病用药的利润空间和市场空间，导致部分药品生产无利可图而停产，市场短缺或将加剧。

二、纺织

（一）生产和投资增速有所放缓

生产方面，2018年我国纺织业生产增速较2017年有所下滑，规模以上企业产成品库存依然较高，但产能利用率近两年均保持在80%以上，预计2019年纺织业工业增加值增速进一步回缩，但产能依然充足，且随着技术和设备更新，产能利用率也有望进一步提升。

投资方面，当前我国纺织行业生产组织形式、要素比较优势、市场竞争格局及资源环境约束等方面出现了新的阶段性变化，受制于产业结构调整，盲目扩张得以遏制，预计2019年行业整体投资有望更加理性化，行业规模增速保持较低水平。

（二）出口形势不确定性较大

2017 年以来我国纺织品出口有所回暖，但是 2018 年特朗普政府对中国的多项产品征收"一揽子关税"，其中涉及全部种类的纺织纱线、织物、产业用制成品等，仅服装、家纺等终端商品暂未列入，对我国纺织品的贸易环境产生一定的不确定性。据中国纺织品进出口商会统计，2017 年中国对美国出口纺织服装及原料共456.4亿美元，占纺织服装总出口金额的 16.9%，本次征税清单将影响中国对美国纺织服装出口金额约 103 亿美元，占中国对美国纺织服装及原料出口金额的 22.6%，占中国纺织服装出口金额的 3.81%。目前美国政府对中国 2,000 亿美元产品征收 10%的关税不利于纺织业的出口。加之我国棉花价格和国际相比长期倒挂，对以棉花为主要原料的纺织企业来说，成本压力进一步增加，出口优势明显削弱。

（三）国内产能向海外加快转移的趋势明显

目前，国内多家纺织企业已开始海外产能的扩张，包括行业龙头企业鲁泰A、百隆东方及天虹纺织等公司。天虹纺织早在 2006 年就开始在越南布局海外产能，2018 年产能已超过 125 万锭纺纱。百隆东方在越南纺织项目于 2012 年投产，2018 年末百隆东方海外产能占公司总产能的比例已经超过40%。鲁泰A已经在越南、柬埔寨及缅甸等地设立了生产基地，其中 2017 年位于越南的 3000 万色织布项目已经投产。由于我国人力成本持续上升，制造业成本优势逐步被削弱，而东南亚、南亚等国家劳动力等成本更为廉价，随着大量企业海外布局，未来国内纺织产能向海外转移的趋势将会持续。

三、食品

（一）消费结构升级，营养健康型产品迭代升级

城镇化进程的持续推进和消费者可支配收入的平稳增长，将进一步扩大城乡居民的食品消费需求。80 后消费人群的崛起和活跃、"二孩政策"的全面实施及人口老龄化趋势的加剧，消费者特别是千禧一代拥有健康的饮食习惯，未来，健康天然食品、高品质食品食材、婴幼童食品、保健品、健康食品的消费需求将呈现刚性增长。2019 年，这种消费者喜好引导的转变可能会持续，加快食品产品更新换代，健康、营养、绿色、有机、低糖及个性化定制产品等彰显生活品质的食品需求动力强劲。

（二）产业链整合和商业模式转型加快进行

面对传统食品市场增长放缓、竞争日益加剧的局面，国内食品企业正在积极采取横向兼并、进入细分领域跨界合作、轻资产化运作、渠道拓展整合等一系列应对措施，加快商业模式的创新和转型。同时，大中型食品企业开始从食品标准、行业准入、市场环境和安全监管等关键环节入手，进一步整合优化产业链。通过加快产业链一体化整合，压缩与转移成本，提高盈利能力，倒逼食品行业向规模化、集约化发展。

（三）国际并购活跃，行业整合趋于提速

全球食品行业的竞争态势正向智能、环保、集约、高附加值的方向发展，一些经验丰富、实力雄厚的跨国企业通过资本运作、技术和人才垄断等竞争手段，在激烈的市场竞争中获得了先发优势和足够的话语权。近年来，随着新食品和享受型产品需求的增长，食品企业积极开展并购交易以改善其投资组合，布局新兴消费市场。2018 年，雀巢、可口可乐、百事可乐、家乐氏、通用磨坊、康尼格拉（Conagra Foods）、金宝汤（Campbell Soup）等其他快消食品巨头公司共产生了超数十亿美元的并购交易，为更好适应国际竞争，国内食品行业的整合必将提速，一些有代表性的龙头企业、骨干企业将获得更多优势资源以参与激烈的竞争。

四、轻工

（一）内需市场稳中有升

2018 年，随着消费升级及促进消费体制机制改革的深入推进，轻工行业内需市场总体呈现平稳增长态势，对消费品行业内需增长形成稳固支撑。2019 年，随着轻工产品质量的提升，轻工行业的内需市场将保持稳定增长态势，其中，日用品、家电、化妆品等行业增长比较明显，预计增长速度均保持在 10% 以上。

（二）智能制造带动产品质量提升

2019 年，随着消费品"三品"战略的深入实施，轻工领域智能制造试点示范加快推进，轻工行业整体的智能化水平将会明显提升，特别是智能家电、电池、家居、可穿戴产品等行业智能产品和数字化车间数量的快速增长，智能产品相关的标准制定、系统集成和规模应用等相关的工作加快开展，轻工产品整体质量和品质将得到很大提升。

（三）外贸出口有望企稳回升

2019年，世界经济形势将有所好转，但不确定因素依然较多，贸易保护主义持续升温，企业综合成本高企、竞争优势下降、创新能力不足等制约着轻工行业发展，中美贸易摩擦对箱包、鞋类、家具等产品的影响依然不容忽视，为积极应对这些问题所带来的衰退风险，我国轻工业外贸出口将坚持实施出口多元化战略，除了巩固美、欧、日等传统国际市场外，我国轻工行业向非洲、东南亚、埃塞俄比亚、塞内加尔、尼日利亚、孟加拉国、柬埔寨、泰国等国产能转移的速度在加快，这将保证我国轻工业出口在多变的国际形势下保持平稳的增长。

后 记

为全面展示过去一年国内外消费品工业的发展态势，深入剖析影响和制约我国消费品工业发展面临的突出问题，展望未来一年的发展形势，我们组织编写了《2018—2019年中国消费品工业发展蓝皮书》。

本书由刘文强担任主编，代晓霞负责书稿的组织编写工作。在本书的撰写过程中，得到了消费品工业司高延敏司长等诸位领导的悉心指导和无私帮助，在此表示诚挚的谢意。

本书是目前国内唯一聚焦消费品工业的蓝皮书。我们希望通过此书的出版，能为消费品工业的行业管理提供一定的指导和借鉴。由于我们的研究水平，加之撰写仓促，书中一定存在不少疏漏和讹谬之处，恳请各位专家和读者批评指正。

反侵权盗版声明

电子工业出版社依法对本作品享有专有出版权。任何未经权利人书面许可，复制、销售或通过信息网络传播本作品的行为；歪曲、篡改、剽窃本作品的行为，均违反《中华人民共和国著作权法》，其行为人应承担相应的民事责任和行政责任，构成犯罪的，将被依法追究刑事责任。

为了维护市场秩序，保护权利人的合法权益，我社将依法查处和打击侵权盗版的单位和个人。欢迎社会各界人士积极举报侵权盗版行为，本社将奖励举报有功人员，并保证举报人的信息不被泄露。

举报电话：（010）88254396；（010）88258888
传　　真：（010）88254397
E-mail：　dbqq@phei.com.cn
通信地址：北京市万寿路 173 信箱
　　　　　电子工业出版社总编办公室
邮　　编：100036

赛迪智库
面向政府 服务决策

思想，还是思想
才使我们与众不同

《赛迪专报》	《安全产业研究》	《产业政策研究》
《赛迪前瞻》	《工业经济研究》	《军民结合研究》
《赛迪智库·案例》	《财经研究》	《工业和信息化研究》
《赛迪智库·数据》	《信息化与软件产业研究》	《科技与标准研究》
《赛迪智库·软科学》	《电子信息研究》	《无线电管理研究》
《赛迪译丛》	《网络安全研究》	《节能与环保研究》
《工业新词话》	《材料工业研究》	《世界工业研究》
《政策法规研究》	《消费品工业"三品"战略专刊》	《中小企业研究》
		《集成电路研究》

通信地址：北京市海淀区万寿路27号院8号楼12层
邮政编码：100846
联 系 人：王 乐
联系电话：010-68200552 13701083941
传 真：010-68209616
网 址：www.ccidwise.com
电子邮件：wangle@ccidgroup.com

赛迪智库
面向政府 服务决策

研究，还是研究
才使我们见微知著

规划研究所	知识产权研究所	安全产业研究所
工业经济研究所	世界工业研究所	网络安全研究所
电子信息研究所	无线电管理研究所	中小企业研究所
集成电路研究所	信息化与软件产业研究所	节能与环保研究所
产业政策研究所	军民融合研究所	材料工业研究所
科技与标准研究所	政策法规研究所	消费品工业研究所

通信地址：北京市海淀区万寿路27号院8号楼12层
邮政编码：100846
联系人：王 乐
联系电话：010-68200552　13701083941
传　　真：010-68209616
网　　址：www.ccidwise.com
电子邮件：wangle@ccidgroup.com